Claudia Porta

Giochi con me?

Tanti modi creativi per accompagnare i nostri figli nella crescita

Il leone verde

In copertina: foto dell'Autrice.

ISBN: 978-88-6580-042-3

Edizioni Il leone verde
Via della Consolata 7, Torino
Tel. 0115211790 fax 01109652658
leoneverde@leoneverde.it
www.leoneverde.it
www.bambinonaturale.it

Introduzione

Due bambini giocano ad un gioco senza regole:
Bambino 1: Aspetta, questo gioco non ha regole.
Bambino 2: E allora?
Bambino 1: Come facciamo a sapere se stiamo giocando correttamente?
Bambino 2: Se ci divertiamo, vuol dire che stiamo giocando correttamente.
Dallas Clayton

Non si è mai troppo giovani, né troppo vecchi per giocare.

Fin dai primi giorni di vita possiamo interagire con i nostri piccoli attraverso il gioco.

Nei **primi mesi** il bambino scopre il proprio corpo. Possiamo aiutarlo, stimolarlo e coccolarlo attraverso il contatto fisico e visivo. Massaggi, carezze, contatto corpo a corpo (portandolo ad esempio nella fascia) saranno estremamente graditi a questa età.

Solo dopo aver acquisito il controllo del proprio corpo inizierà a interessarsi al mondo circostante, che vorrà esplorare con tutti i cinque sensi. In questa fase il bambino non ha bisogno di giocattoli. Una giostrina e una bambola rudimentale, magari fatta con un fazzoletto annodato che porta l'odore della mamma saranno più che sufficienti.

Non è necessario acquistare giocattoli per stimolare il bambino. Tutto ciò di cui ha bisogno è il contatto e l'interazione con il mondo che lo circonda. Parlate con il vostro bambino, cantate per lui. Filastrocche e ninnenanne sono spesso tra i ricordi più cari della nostra infanzia.

Anche la lettura ad alta voce è estremamente benefica e stimolante per i bambini. Un articolo di Luciano Benedetti sul "Corriere della Sera" sottolinea come "secondo studiosi di tutto il mondo, la lettura ad alta voce è una delle strategie di dimostrata efficacia per prevenire i problemi dello sviluppo e dell'apprendimento nel bambino". Perché leggere a un bambino ha effetti molto positivi sulla sua salute, sul suo sviluppo cognitivo ed emotivo.

Non è mai troppo presto per iniziare a leggere ad alta voce ai nostri bambini: fin dai primi giorni ameranno essere cullati dalla voce di mamma e papà. Secondo la teoria dello sviluppo precoce (*Early Child Development*) nel bambino molto piccolo, lo stimolo a svolgere un nuovo compito (come quello di ascoltare, appunto) aumenta la sopravvivenza dei nuovi neuroni che si stanno formando.

Verso i **sei-otto mesi** i bambini adorano il gioco del cucù. Questo gioco permette loro di assimilare il concetto di permanenza dell'oggetto (l'oggetto – in questo caso il genitore – esiste anche quando non lo vedo) e di sviluppare la memoria a breve termine. Ma questo gioco è anche molto di più. Il contatto "occhi negli occhi" rafforza il legame e la connessione tra genitore e figlio.

L'attesa fiduciosa e la gioia nel ritrovarvi alimentano la fiducia in se stesso e nella vita. A questa età potrete proporre sonagli e oggetti confezionati con materiali dalle consistenze diverse per poter sperimentare attraverso il tatto. La bambola-fazzoletto sarà sempre amata e potrà essere affiancata a una bambola a sacchetto.

Un altro "gioco" molto amato a questa età è il "test di gravità". Non spazientitevi se il vostro bambino getta per l'ennesima volta il cucchiaio che avete appena raccolto. Sta scoprendo leggi fisiche di fondamentale importanza.

A questa età il bambino apprezzerà anche i giochi sensoriali proposti nella seconda parte di questo libro. Questo genere di attività potrà essere proposto, con diverse modalità, fino ai sei anni e oltre.

Tra gli **otto e i dodici mesi** il bambino inizia a esplorare in modo più audace e attivo. Sportelli, cassetti e armadi alla sua altezza forniscono esperienze sensoriali formidabili. Ovviamente è giunto il momento di fissare alcune regole. Riservandogli un cassetto pieno di oggetti interessanti e inoffensivi (cucchiaio di legno, pentolino, strofinaccio) lo terrete impegnato mentre svolgete le vostre faccende ed eviterete che svuoti l'intera cucina.

Secondo Maria Montessori il senso dell'ordine (esteriore e interiore) si sviluppa nei primi due anni di vita. È quindi importante che il bambino cresca in un ambiente ordinato e il più possibile adatto a lui, nel quale possa facilmente trovare ciò che desidera e imparare a riporlo autonomamente.

L'ordine è importante anche perché infonde sicurezza: nel mondo caotico nel quale viviamo, sapere che nella nostra casa ogni cosa è al suo posto è incredibilmente rassicurante.

Ai giochi sensoriali proposti in precedenza potrete aggiungere in seguito la componente verbale. Nominate ciascun oggetto e le sue caratteristiche ("Questo è rosso", "Questo è verde", "Questo è liscio", "Questo è ruvido" e così via).

Attraverso l'album di famiglia[1] potrete rafforzare il legame con amici e familiari che vivono lontani ma che hanno un ruolo importante nella vita della vostra famiglia. Sfogliatelo regolarmente, nominate le persone raffigurate e spiegate al bambino chi sono e perché le considerate speciali.

Dai **due anni** in poi entra in scena l'immaginazione. Un oggetto può acquisire un valore simbolico e trasformarsi in qualcos'altro. La bambola verrà accudita e curata con amore e attenzione, sia dai maschi sia dalle femmine.

In questa fase, il bambino giocherà a imitare gli adulti con i quali interagisce. Questo è il suo modo di scoprire se stesso e di esercitare le proprie abilità psicomotorie. Lasciate che vi aiuti nelle faccende di ogni giorno. Ne trarrete entrambi grande soddisfazione.

Permettetegli di esplorare liberamente il mondo che lo circonda. Vestitelo in modo che non debba preoccuparsi di sgualcire o macchiare i suoi abiti nel corso delle sue avventure. Invitatelo ad ascoltare il canto degli uccelli, ad annusare fiori e piante, a manipolare elementi diversi come acqua, sabbia, terra, pietre, pezzi di legno. Questi elementi presenti in natura sono ben più interessanti di qualsiasi giocattolo si possa acquistare.

Osservate le forme di vita presenti nel vostro ambiente. Anche se vivete in città potrete senz'altro osservare piccoli insetti e uccelli e scoprire il loro mondo meraviglioso. Osservare la natura, studiare le api, le formiche, raccogliere e classificare foglie e fiori, nutrire gli uccelli durante l'inverno e aiutarli a nidificare in primavera. Potrete persino allevare le farfalle[2] osservandone lo sviluppo da vicino per poi liberarle in un parco o sul balcone di casa. Lasciatevi guidare dalla curiosità dei vostri bambini per approfondire argomenti che non conoscete e imparare insieme nuove cose.

1 Vedi "L'album di famiglia", pag. 97.

2 Vedi "Allevare le farfalle", pag. 141.

Il gioco simbolico prima e il "fare finta" poi sono i germogli della creatività. Il bambino impara a immaginare situazioni diverse e soluzioni originali: un dono essenziale per il futuro. Grazie all'elasticità mentale acquisita anche attraverso il gioco, il bambino impara a elaborare soluzioni appropriate nelle situazioni difficili e ad adattarsi più facilmente a quelle inaspettate.

Permettetegli di sperimentare utilizzando gli oggetti in modo diverso da quella che è la loro funzione primaria. Sarete sorpresi dalle idee che i vostri bambini potranno avere.

Non è raro vedere i bambini interessarsi più alla confezione che al giocattolo che contiene. Offrite al vostro bambino un semplice scatolone e state a guardare. Se il bambino ve lo chiede, aiutatelo a trasformare lo scatolone in ciò che desidera. In caso contrario, limitatevi a osservare e perché no, a imparare. I nostri figli possono essere una meravigliosa fonte di ispirazione per le nostre menti troppo razionali.

A questa età il bambino inizia ad apprezzare i libri illustrati, che non si stancherà di sfogliare, da solo o insieme a mamma e papà.

Per il momento il gioco con gli altri bambini si svolge in modo prevalentemente "parallelo". I bambini giocano l'uno accanto all'altro ma non giocano ancora insieme. Dai tre anni in poi il bambino imparerà per gradi a interagire con gli altri.

Ma di tutte le attività che potrete proporre, quelle che i bambini apprezzeranno di più sono quelle della vita quotidiana. O di "Vita pratica", come le chiamava Maria Montessori. Riordinare, pulire, preparare da mangiare… permettete ai vostri bambini di partecipare alle faccende che svolgete giorno per giorno. Ne saranno felici, si sentiranno utili e competenti e, non meno importante, diventeranno presto dei validi aiutanti.

Verso i **tre-cinque anni** potrete proporre teli da gioco e travestimenti. Se giocate all'aperto potrete stupirli con le bolle di sapone.

L'albero genealogico permetterà al bambino di comprendere le relazioni tra i membri della famiglia e di trovare il proprio posto.

Le attività artistiche (pittura, disegno, arti plastiche) saranno estremamente gradite a questa età, così come tutte le esperienze sensoriali.

Se possibile, frequentate con regolarità la biblioteca. Permetterete ai vostri bambini di usufruire di un'ampia selezione di opere e di imparare a rispettare le regole dettate dalla condivisione. Quando leggete un libro al vostro bambino non dimenticate di leggere il titolo e il nome dell'autore. Insegnategli subito come prendere e riporre il libro al suo posto, con cura, nel verso giusto, come trasportarlo, tenendolo chiuso e utilizzando entrambe le mani. Mostrategli come girare le pagine, con delicatezza. Imparerà a rispettare i libri e a maneggiarli con cura.

Dai **sette anni** in poi, il gioco ruota intorno all'immaginazione. È particolarmente importante, anche in questa fase, incoraggiare i bambini a esprimere la propria creatività, nonostante le forti influenze dei giochi moderni che tendono a relegare il bambino in un ruolo passivo o in uno scenario preconfezionato. Una mente "bambina", aperta e creativa, sarà un dono prezioso per il resto della vita.

Incoraggiate i vostri bambini a scrivere, redigendo insieme diari di viaggio, lettere, un diario del naturalista[3], fumetti, ricettari, manuali e storie illustrate. Partendo da ciò che amano, sfruttate le loro inclinazioni e abilità in modo creativo. Vostro figlio è appassionato di calcio? Create insieme un annuario nel quale raccoglierete informazioni sui suoi giocatori preferiti. O di cavalli? Cercate insieme informazioni su questi animali e create un libro con illustrazioni e fotografie fatte da voi.

Continuate a frequentare regolarmente la biblioteca. Troverete sempre nuove fonti di ispirazione.

Se decidete di permettere ai vostri figli di utilizzare il computer, restate accanto a loro quando lo fanno, in modo da poterli guidare e accompagnare.

***

Nota: Le fasce di età sopra indicate sono presentate a puro titolo indicativo e non devono essere considerate in modo troppo rigido. Ogni bambino si sviluppa a un ritmo diverso e lo stesso bambino potrà essere in "anticipo" su alcuni aspetti e in "ritardo" su altri.

3 Vedi "Il diario del naturalista", pag 129.

PRIMA PARTE

I

L'importanza del gioco

Come è possibile che, essendo i bambini così intelligenti,
la maggior parte degli adulti siano stupidi?
Questo è senz'altro dovuto all'educazione.
A. Dumas

Da bambini, tutti sappiamo giocare. Crescendo però smettiamo gradualmente di farlo per poi accorgerci, di fronte ai nostri figli, che non ne siamo più capaci.

> Spesso il gioco viene sostituito da sport competitivi che, per quanto si chiamino giochi (si dice infatti "giocare" a tennis o a golf) non hanno l'aspetto libero, spontaneo e creativo del gioco nella sua accezione primaria. Smettendo di giocare per tanto tempo dimentichiamo come si fa e abbiamo poi difficoltà a connetterci con i nostri figli. Giocare non è più spontaneo. Dobbiamo decidere di giocare, impegnarci e a volte anche sforzarci.[1]

Questo processo viene sempre più spesso anticipato e il tempo per il gioco si riduce sensibilmente fin dalla più tenera età, e così ecco che invece di scendere a giocare in cortile il bambino va a giocare a calcio, a tennis o a lezione di musica. Tutte attività piene di significato, ma che non devono assolutamente sostituirsi al gioco. Si tenga poi a mente che il concetto di **gioco educativo** è un'invenzione degli esperti di marketing: il gioco è di per sé educativo. Il gioco è il modo migliore che i bambini hanno per imparare, sperimentando direttamente tutto quello che c'è da sapere nella vita.

1 Lawrence J. Cohen, *Playful Parenting*, Ballantine Books, 2002.

Sostituendo il gioco libero e spontaneo con attività strutturate e mirate a uno scopo (vincere, seguire le regole, ecc) si priva il bambino del piacere di giocare e si inculca in lui una dose eccessiva (e non sana) di competitività.

Spesso sentiamo dire che i bambini esternano, attraverso il gioco, la propria aggressività. Questo è senz'altro vero, ma non è tutto. Quando giocano, i bambini esprimono una vasta gamma di emozioni che sarebbero incapaci di trasmettere verbalmente.

Nel suo libro, Donald Winnicott parla delle emozioni negative espresse attraverso il gioco:

> Tutti i bambini provano rabbia e, di conseguenza, aggressività. Questi sentimenti sono classificati come "cattivi". Il bambino che si rende conto di avere in sé qualcosa di cattivo può sentirsi "sporco", colpevole. Sapere che tali sentimenti possono essere espressi, a certe condizioni (ad esempio attraverso il gioco) senza provocare risentimento e violenza nei suoi confronti, è rassicurante per il bambino. Sapere che certi sentimenti sono accettabili allevia il senso di colpa.
> Se il bambino non si sente accettato nella sua totalità, comprese le sue inevitabili zone d'ombra, si sentirà obbligato a fingere, a reprimere, a nascondere, a negare i suoi stessi sentimenti, con conseguenze disastrose sulla sua personalità e sul suo equilibrio psichico.[2]

Attraverso il gioco i bambini imparano anche a gestire pensieri e situazioni che sono per loro fonte di stress. Il fatto di ribaltare la situazione a loro piacimento e di assumere il controllo (cosa che non sempre è possibile nella realtà) permette loro di elaborare e di controllare l'ansia e la frustrazione legate alla sensazione di impotenza. Questo aspetto è, secondo Winnicott, molto importante perché se ci rendiamo conto che i bambini non giocano per divertimento ma per ragioni molto più importanti, più serie e profonde, comprendiamo che non è possibile privarli di questa attività senza procurare un disagio. Attraverso il gioco, il bambino scopre, sperimenta, impara. Il gioco è l'espressione palese della creatività, e la creatività è il succo della vita stessa. Il nostro compito è quello di prendere il gioco sul serio, riconoscendone l'importanza e condividendo con i nostri figli i giochi classici, cercando di non condizionarli troppo con i nostri interventi.

2 D. Winnicott, *The Child, the Family and the Outside World*, Addison-Wesley Pub. Co., 1964.

> Possiamo stimolare le loro esperienze fornendo materiali e idee ma pare, in questo campo, che sia meglio offrire poco piuttosto che troppo in questo senso. I bambini, infatti, sono in grado di scovare oggetti interessanti e di inventare giochi con grande facilità.[3]

Nel suo libro *Un genitore quasi perfetto*[4] Bruno Bettelheim sostiene che il bambino, attraverso il gioco, tenti in qualche modo di "curarsi", di compensare ciò che gli manca. Occupandosi con tenerezza del suo bambolotto, esprime ciò che vorrebbe dai genitori. Picchiando l'orsetto di pezza, può esteriorizzare la gelosia nei confronti del fratellino che, se repressa, potrebbe diventare un peso troppo grande. Per questo è importante tentare di comprendere eventuali comportamenti aggressivi prima di etichettarli come inaccettabili. Se permettono di canalizzare un sentimento troppo forte, potrebbero invece rivelarsi benefici.

Attraverso il gioco, i bambini interagiscono con gli altri. È così facile farsi degli amici (o dei nemici) mentre si gioca. Ben più difficile è riuscirci in un contesto diverso. Da ultimo, ma non meno importante, il gioco crea un ponte tra il corpo e la mente. Proprio come le numerose tecniche millenarie (primo fra tutti lo yoga) attraverso le quali noi adulti cerchiamo di connettere queste due entità. Il gioco è il legame tra il mondo interiore e il mondo esterno. Fa parte del bambino ma si estende anche al di fuori. Gli permette di comunicare e di connettersi con gli altri. Attraverso il gioco, il bambino raccoglie oggetti e fenomeni provenienti dal mondo esterno e li rielabora nel proprio personale mondo interiore.

Winnicott praticava già, ai suoi tempi, quella che oggi chiamiamo la gioco-terapia (*play-therapy*). Attraverso il gioco il terapista cerca di comunicare con il bambino. Sapendo che questi non possiede la padronanza del linguaggio necessaria ad esprimere concetti così sottili e complessi, il terapista trova nel gioco le risposte a ciò che cerca.

> È opportuno tener presente come il gioco sia già in sé una terapia. Fare in modo che i bambini possano giocare è una forma di psicoterapia, che avrà effetti immediati e universalmente applicabili. A cominciare da un atteggiamento sociale positivo nei confronti del gioco.

3 *Ibidem.*

4 Bruno Bettelheim, *Un genitore quasi perfetto*, Feltrinelli, 2009.

> Chi accudisce i bambini dovrebbe essere presente durante il gioco. Questo non significa che debba entrarvi. Quando c'è bisogno di un organizzatore esterno che diriga il gioco, significa che il bambino o i bambini non sono in grado di giocare in modo creativo.[5]

Ma Winnicott non si limita ad affermare che il gioco sia una vera e propria terapia. Il paragone è valido, secondo lui, anche nell'altro senso. Anche la psicoterapia nella sua accezione più classica sarebbe, in fondo, una sorta di gioco.

> Se il terapista non è in grado di giocare, allora non è adatto a questo lavoro. Se il paziente non è in grado di giocare, occorre un intervento che gli permetta di riuscirvi. Solo a quel punto la psicoterapia può iniziare. Il motivo per cui il gioco è essenziale è che attraverso il gioco il paziente riesce ad essere creativo.[...] È nel gioco e solo nel gioco che l'individuo (adulto o bambino) è in grado di essere creativo e di utilizzare la sua intera personalità. Ed è solo attraverso la creatività che l'individuo scopre il proprio sé.[6]

Secondo John Holt, considerato il "padre" della scuola familiare (*Homeschooling*) negli Stati Uniti, gioco, poesia, musica, recitazione e arte in generale sono tanti modi diversi che il bambino utilizza per esplorare il mondo. I bambini che sanno giocare in modo creativo sono quelli che riusciranno meglio a imparare e ad affrontare le sorprese e le frustrazioni della vita di tutti i giorni.

> Dobbiamo resistere alla tentazione di pensare che questa parte della vita dei nostri bambini [il gioco] sia meno importante delle attività "serie" – lettura, scrittura, compiti o qualsiasi altra cosa noi vogliamo che facciano [...]. Saper giocare bene è importante quanto saper leggere bene. Del resto, se li osservassimo con molta attenzione scopriremmo che i bambini che non sanno giocare, sognare, fantasticare, non sono in genere nemmeno i più bravi a leggere.[7]

5 Donald Winnicott, *The Child...,* cit

6 *Ibidem.*

7 John Holt, *How Children Learn,* Dell Pub. Co., 1972.

Holt sostiene inoltre che, contrariamente a ciò che molti credono, la fantasia non porta il bambino ad allontanarsi dal mondo reale. Al contrario, nei giochi di fantasia (almeno finché il bambino è libero da condizionamenti imposti dalla tv e dai videogiochi) il bambino imita le azioni quotidiane dei suoi genitori, amici e familiari e le esperienze vissute, passando in genere dal ruolo di spettatore a quello di protagonista.

Nel suo *How Children Learn* Holt paragona la realtà a un *puzzle*, di cui i bambini posseggono solo un numero limitato di pezzi. Con così pochi pezzi, un adulto non tenterebbe nemmeno di comporre il *puzzle*. Il bambino invece, dotato di grande curiosità, determinazione, energia e soprattutto pazienza, tenta l'impresa impossibile. Per sostituire i pezzi mancanti, utilizza l'immaginazione. Questo fa sì che ne risulti un'immagine del mondo probabilmente poco fedele, ma si tratta di una ricerca della realtà e non di una fuga dalla stessa.

Il discorso ovviamente è diverso se il bambino, in seguito a esperienze traumatiche, si rifugia in un mondo immaginario nel quale si sente al sicuro.

> Giocare è dedicarsi a un'attività per divertirsi, per ricavarne piacere. Il gioco non ha altro fine che se stesso: il bambino gioca per giocare. Se nel frattempo apprende qualcosa, si tratta di un "effetto collaterale" e non del suo scopo primario. Ciò non toglie che il gioco permetta al bambino di scoprire molte cose. Attraverso questa attività che si perpetua di generazione in generazione, il bambino acquisisce le regole, i costumi e i valori propri dell'ambiente in cui vive. Il bambino scopre se stesso e il mondo nel quale vive.[8]

Di più, attraverso il gioco il bambino scopre il piacere di imparare. Questa visione gli sarà utile per il resto della sua vita e gli permetterà di diventare una persona aperta e curiosa, desiderosa di scoprire, sperimentare, acquisire nuove conoscenze. Senz'altro un dono inestimabile durante gli anni della scuola. Attraverso il gioco il bambino apprende inoltre molti concetti logici che sarebbero per lui troppo complessi se affrontati in altro modo.

Quando gioca, il bambino assume il controllo della situazione. Si sente capace e competente. Questo è per lui fonte di gratificazione e contribuisce

8 Francine Ferland, *Et si on jouait?*, Hopital Ste-Justine, 2005.

a rinforzare la sua autostima. Ma il gioco permette anche di sperimentare il fallimento in un contesto in cui le conseguenze saranno minime. Quando la torre crolla, il bambino può essere deluso e imparerà ad affrontare la frustrazione in un contesto protetto. Poi deciderà liberamente se ricominciare o passare a un'altra attività.

Il gioco è anche una forma di comunicazione. Attribuendo ai vari personaggi questa o quella emozione, il bambino esprime quelle che sono le sue. Un modo per esprimere e condividere ciò che prova. Del resto è frequente che il bambino, giocando, parli da solo. È per lui l'occasione di praticare le abilità verbali, spiegando ai suoi giocattoli ciò che sta facendo, ciò che sta succedendo. Questo esercizio linguistico favorisce l'acquisizione di nuovi termini. L'apprendimento della lingua diventa così più rapido e assume una connotazione ludica.

Il gioco è anche il primo passo verso la socializzazione. Il bambino impara a condividere, a comunicare, a rispettare le regole, ad aspettare il proprio turno. Giocare è una cosa seria. Quando interrompete il vostro bambino che sta giocando perché è ora di uscire o di mettersi a tavola, non state dando sufficiente importanza alla sua attività. È come se lui vi interrompesse mentre lavorate. È possibile mostrare rispetto per le sue attività senza per questo lasciarsi "calpestare". Basterà prepararlo con un po' di anticipo, perché possa organizzarsi in modo adeguato.

Gioco e ripetizione

"La ripetizione rigorosa di uno stesso gioco mostra che il bambino lotta con dei problemi che hanno per lui una grande importanza e che, finché il gioco non gli fornirà una soluzione, continuerà a ripeterlo per cercarne una"
B. Bettelheim

A volte il gioco ripetitivo può preoccupare i genitori, che temono che il bambino sia in qualche modo "bloccato". In realtà, attraverso la ripetizione, il bambino cerca qualcosa (la soluzione a un suo problema, l'affinamento di una abilità, un senso di sicurezza...). Quando avrà raggiunto i suoi obiettivi, quando avrà costruito ciò a cui tendeva, passerà spontaneamente ad altro. È importante non ostacolarlo in questo processo.

Il gioco come esercizio sensoriale

Il gioco è, per il bambino una stimolazione sensoriale continua. Motricità fine, coordinazione occhi-mani, motricità globale, relazione di causa-effetto, capacità di anticipare le conseguenze dei suoi gesti. Il bambino impara tutto questo senza sforzo, attraverso l'esperienza diretta, divertendosi.

Il gioco per combattere le paure

Nel già citato *Un genitore quasi perfetto*, Bettelheim spiega come alcuni giochi classici abbiano funzioni profonde ben più importanti del puro divertimento, e cita alcuni esempi:

- **Mosca cieca** – Riproduce un'esperienza terrificante (perdersi al buio) in maniera piacevole, permettendo al bambino di dominare la paura dell'oscurità. Il bambino che si muove nel buio o con gli occhi bendati mette anche alla prova le buone intenzioni altrui. Deve fidarsi del fatto che gli altri non approfitteranno della situazione, acquistando sicurezza e fiducia negli altri.
- **Cucù** – Coprendosi e scoprendosi gli occhi, il bambino fa scomparire o riapparire la persona che gli sta di fronte. In questo modo si rende conto, con grande sollievo, che la persona è presente anche quando non può vederla. Il bambino impara a dominare l'angoscia.
- Le **filastrocche** che nominano le varie parti del corpo rassicurano il bambino sul fatto che il suo corpo è a posto. Che non gli manca niente. Non solo, ma gli danno conferma del fatto che ogni parte del suo corpo è importante per i genitori.
- **Nascondino** – è una versione più evoluta del gioco del cucù e ha una funzione rassicurante ancora più forte. Oltre a dominare l'angoscia dell'abbandono, il bambino può mettere alla prova le sue competenze (la sua capacità di ritrovare gli altri) acquisendo maggiore fiducia in sé.

Lasciamo che si annoino!

"Le biografie di persone creative del passato abbondano di racconti di lunghe ore passate in riva ad un fiume a pensare,
di passeggiate nei boschi in compagnia del cane fedele,
abbandonandosi ai propri sogni.
Ma chi, al giorno d'oggi, ha l'opportunità di fare altrettanto?
Se un giovane ci provasse, i suoi genitori si preoccuperebbero
nel vederlo trascorrere il proprio tempo in maniera così poco costruttiva..."
B. Bettelheim

Non è necessario programmare ogni istante delle giornate dei nostri figli. Al contrario, può essere utile lasciarsi ispirare da loro, accompagnandoli invece di volerli per forza guidare. In questo modo permetteremo loro di esprimersi realmente.

Non è nemmeno necessario preoccuparsi se il bambino "si annoia". È infatti proprio dalla noia che nasce la creatività. La noia è il punto di partenza verso qualcosa di nuovo. È un momento di calma in un mondo che va troppo veloce e che ci bombarda di stimoli. È l'occasione di ascoltare la propria voce interiore. Se siamo sempre occupati in qualche attività, smetteremo di ascoltarla, fino a farla tacere definitivamente.

Giocare con i bambini

"Si pensa esclusivamente al domani del fanciullo,
alla sua futura esistenza; e mai si bada al presente,
cioè a quanto gli occorre per vivere nella sua età".
M. Montessori

Più avanti vedremo quanto sia importante fornire al bambino un ambiente adatto e sicuro e dei giocattoli di qualità. Ci sono però due cose ancora più importanti che dovremmo dare ai nostri figli: il nostro tempo e la nostra attenzione. Questo non significa che dobbiamo essere continuamente a loro disposizione ma è senz'altro importante essere a loro completa disposizione di tanto in tanto.

Perché non inserire il gioco nella nostra agenda, proprio come tutti gli altri impegni della giornata? Questo appuntamento è certo più importante di molti tra quelli a cui diamo a volte, a torto, la precedenza. Stabilire un "appuntamento" con il gioco vi permetterà di essere più disponibili, rilassati, presenti. Concedete ai vostri bambini anche solo 10 minuti (se non siete abituati, all'inizio potranno sembrarvi lunghissimi) di disponibilità totale e state a vedere.

Non è necessario proporre attività strutturate o tentare di indovinare cosa farebbe piacere al bambino. Ciò che conta è essere semplicemente disponibili, in ascolto, e lasciare che siano loro a scegliere il gioco che preferiscono. Essere presenti, disponibili, attenti. Tutto qui.

Per molti adulti sedersi sul pavimento e giocare con i bambini richiede un grande sforzo. Abbiamo i nostri impegni, i nostri pensieri e, anche quando riusciamo a ritagliarci un po' di tempo per giocare, non riusciamo a liberarci da obiettivi e aspettative. Non riusciamo a vivere nel momento presente e ci irritiamo se i nostri bambini non giocano come vorremmo.

Molti genitori vorrebbero invece che i propri figli giocassero tranquillamente da soli. Questo è possibile solo se si sentono amati e sicuri di sé. Attenzione alla differenza tra *essere amati* e *sentirsi amati*: nessuno mette in dubbio il nostro amore per i nostri figli ma non è detto che questi lo percepiscano e si *sentano* amati.

Trovare il tempo, la volontà, e anche il coraggio (per alcuni è una vera impresa) di mettere da parte i propri pensieri e occupazioni per dedicare mezz'ora al proprio bambino lo fa sentire importante. Il fatto che il genitore cerchi di avventurarsi nel suo mondo, invece di esigere che sia lui a comportarsi, esprimersi, aprirsi come un adulto, aumenta la fiducia reciproca e favorisce la comunicazione.

Tutti i genitori vorrebbero instaurare un dialogo profondo, aperto e sincero con i propri figli; e in un mondo perfetto, i nostri figli verrebbero da noi spontaneamente a discutere dei pensieri che li affliggono o delle tematiche che hanno a cuore.

Nella realtà, questo accade molto di rado. Del resto anche noi, dopo una giornata difficile, siamo spesso intrattabili e poco inclini al dialogo. Per alleviare la tensione, scegliamo di andare a correre o di dare pugni al cuscino. I bambini ricorrono invece al gioco. Se prestiamo attenzione al loro modo di giocare, potremo capire molto meglio ciò di cui hanno bisogno. In questo modo potremo riuscire a comunicare con efficacia, a sostenerli in caso di bisogno, ad accompagnarli con dolcezza nell'attraversare eventuali difficoltà o anche soltanto a essere presenti in caso di necessità.

Sforziamoci di parlare la loro lingua se vogliamo che, più tardi, loro si sforzino di parlare la nostra. Se non siamo presenti per condividere un momento piacevole, come possiamo pretendere di essere coinvolti nella loro vita quando avranno dei problemi da risolvere? Giocare insieme aiuta a creare un legame profondo, rafforzare la fiducia reciproca e a sdrammatizzare momenti difficili.

Il gioco serve anche per elaborare emozioni intense ed esperienze difficili. Il bambino che va dal dottore al ritorno a casa vorrà visitare le bambole, i fratelli e sorelle, probabilmente anche i genitori. Dal dottore si è sentito fragile e impotente: ora è il momento per lui di assumere un ruolo diverso, quello della persona forte, di quella che decide, che ha il controllo della situazione. In questo modo bilancia il sentimento di inferiorità provato in precedenza. Invertendo i ruoli il bambino prende la sua "rivincita". Si sente forte e competente.

Giocando con il vostro bambino farete un meraviglioso regalo non solo a lui ma anche a voi stessi: il gioco è un potente antistress. Proprio come lo yoga e come la meditazione, discipline millenarie che mirano alla connessione tra corpo e spirito, il gioco permette (a condizione di giocare "sul serio") di vivere pienamente il momento presente, mettendo da parte tutti i problemi e le preoccupazioni. Quando i vostri figli saranno grandi, ricorderete con tenerezza le ore trascorse insieme sul pavimento.

Lasciatevi guidare dai vostri figli e vedrete cose che a molti adulti sfuggono. Seguite i vostri bambini e imparerete cose che noi adulti non possiamo capire. Ascoltateli e lasciate che parlino al bambino che è in voi: potrebbe essere l'occasione di riscattarvi dai blocchi o dalle sofferenze sperimentate durante l'infanzia, che spesso ancora influiscono negativamente sulle nostre vite. Seguite il ritmo dei vostri bambini e imparate (o meglio re-imparate) a lasciarvi andare. Non abbiate paura di sembrare stupidi o ridicoli: questo a volte è il prezzo da pagare per qualche momento di pura felicità.

Passeggiate sotto la pioggia, picnic in salotto, corse sfrenate: i vostri bambini vi offriranno la scusa perfetta per mettere da parte quell'aria seria e lasciarvi finalmente andare!

Giocare con mamma, giocare con papà

Mamma e papà hanno in genere un approccio diverso riguardo al gioco. I giochi con il papà sono spesso più fisici e spericolati; quelli con la mamma sono più incentrati sulla tenerezza, sulla cooperazione e sulla comunicazione verbale (o viceversa). Spesso le mamme temono che i papà siano troppo bruschi ma in realtà il bambino ha bisogno di entrambi i modi di giocare.

L'amico immaginario

Non preoccupatevi se il vostro bambino ha un amico immaginario. Non è segno di un disagio né di un problema di comportamento o di percezione della realtà. È soltanto un gioco, e addirittura un indice di creatività. Non solo, ma l'amico immaginario potrà esservi utile in più di un'occasione per comunicare con i vostri figli attraverso la sua mediazione. Potrete chiedergli di spiegare a vostro figlio (in presenza dello stesso) che è importante mangiare la frutta o lavarsi i denti, ad esempio. Accogliete l'amico immaginario nella vostra famiglia senza bandirlo o ridicolizzarlo, ma senza neanche cadere nell'eccesso opposto. Scomparirà quando il bambino non avrà più bisogno di lui.

Dare l'esempio

Come abbiamo detto in precedenza, i bambini compongono il *puzzle* della vita partendo dai pochi pezzi che hanno a disposizione. Noi siamo alcuni di quei pezzi. La nostra visione della realtà si riflette inevitabilmente sull'interpretazione che ne avranno i nostri figli.

È quindi importante essere modelli degni di essere imitati. Quando ci lamentiamo, davanti ai nostri figli, di una giornata improduttiva, delle condizioni meteorologiche sfavorevoli, o del traffico che abbiamo incontrato rientrando dal lavoro, non facciamo che crogiolarci nella nostra insoddisfazione. In questo modo, non solo rischiamo di non notare le eventuali alternative che si dovessero presentare, ma trasmettiamo inevitabilmente il nostro stato d'animo anche ai nostri familiari. Bambini compresi.

È curioso come tendiamo a esprimere apertamente la frustrazione, e a dare invece per scontato ciò che ci fa stare bene. Dovremmo invece sforzarci di sottolineare quanto sia piacevole una bella giornata di sole, una buona lettura o una passeggiata all'aperto ed esprimere la nostra soddisfazione ad alta voce. In questo modo i nostri figli impareranno che la vita è bella e che il mondo è un posto meraviglioso. Avranno fiducia nell'avvenire e andranno incontro alla vita a braccia aperte.

Un esercizio utile (non solo per i bambini ma anche per i genitori) è quello di concludere ogni giornata con un pensiero positivo. Al momento di andare a dormire, ripercorriamo la giornata appena trascorsa. Parliamo dei momenti più belli delle ultime 24 ore e chiediamo ai nostri figli quali sono stati, per loro, gli attimi più significativi. Questo li aiuterà a concentrarsi sulle esperienze positive e a comprendere i differenti punti di vista (il miglior momento della giornata non è necessariamente lo stesso per tutti i membri della famiglia). In questo modo insegniamo ai nostri figli ad apprezzare le piccole gioie di ogni giorno, coltivando nel contempo l'ottimismo e l'empatia. Un piccolo rituale che può durare anche solo un paio di minuti.

I ricordi d'infanzia sono la base della felicità da adulti. Fornendo loro un modello positivo aiutiamo i nostri figli a gettare le basi per una vita serena.

Essere modelli degni di essere imitati non significa essere perfetti; nessuno lo è, nessuno lo sarà mai e non è certo questo lo scopo della vita. Non sempre conosciamo la risposta alle domande che i nostri figli ci pongono, e quando questo accade, non dovremmo avere paura di dire "non lo so". Non vogliamo essere modelli inarrivabili. Non abbiamo paura di mostrare ai nostri figli anche i nostri limiti. È importante che loro capiscano che non si finisce mai di imparare e che l'importante non è sapere tante cose ma avere voglia di scoprirle. Quando non sappiamo rispondere a una delle domande dei nostri figli, prendiamola come uno spunto per imparare, noi stessi, qualcosa di nuovo. Accompagnandoli e permettendo loro di approfondire argomenti che sono di loro interesse amplieremo a nostra volta le nostre conoscenze.

II

Gioco e giocattoli

Come scegliere i giocattoli

Esistono in commercio numerosi, costosi giocattoli per neonati. Giocattoli che promettono di sviluppare questo o quel senso, questa o quella abilità.

Ma il bambino piccolo **non** ha bisogno di tutto questo. Non ha bisogno di luci, di suoni, di continue sorprese. Il bambino ha bisogno di braccia, ha bisogno di mani, di un viso. Nessun giocattolo sarà mai altrettanto perfetto e "stimolante" per lui. Ha bisogno di sentire la nostra voce, di far parte della nostra vita. Essa contiene tutti gli stimoli necessari al suo sano sviluppo.

I famosi giochi tutti luci-suoni-musiche possono essere un'alternativa allettante perché, catturando temporaneamente l'attenzione del bambino, offrono ai genitori qualche attimo di calma. Ma se osserviamo con attenzione i nostri figli ci rendiamo conto che in realtà non sono "calmi e tranquilli" ma ipnotizzati, assolutamente passivi. Per non parlare del fatto che in genere le canzoncine o le musichette che caratterizzano questo genere di giochi finiscono con l'esasperarci ancor più delle richieste di attenzione da parte dei nostri bambini.

Un tappeto o un materassino steso sul pavimento e una giostrina appesa a circa un metro di distanza (in modo che non possa afferrarla) contengono stimoli più che sufficienti per un neonato. Potrete creare diversi tipi di giostrina e alternarli regolarmente. Ancora una volta, non c'è bisogno di luci e suoni, né di ingranaggi, motorini e batterie che muovano la giostrina, che oscillerà spontaneamente grazie agli spostamenti d'aria presenti in una casa piena di vita.

Fitzhug Dodson, psicologo e autore di numerosi libri sulla genitorialità tra cui *Your child: Birth to age 6* (Fireside, 1986), sostiene che il giocattolo ideale rappresenti 10% del gioco. Il restante 90% deve venire dal bambino.

Più il gioco è rudimentale, più a lungo suscita interesse, e il suo uso può evolvere con la crescita del bambino. Proprio per questo spesso i bambini si interessano più allo scatolone che al contenuto, più all'etichetta che al pupazzo.

Stendete il vostro bambino sul pavimento (su un tappeto o una trapunta) e non legato in sdraiette e seggiolini. Libero di esplorare lo spazio circostante e il proprio corpo, ne acquisirà pian piano il controllo. Imparerà da solo a girarsi, a sollevarsi, poi a gattonare e a camminare. È fondamentale che il bambino abbia libertà di movimento e che l'ambiente che lo circonda sia adatto e sicuro, sgombro da eventuali pericoli.

Imparate a fidarvi del vostro bambino. La natura è meravigliosamente congegnata e le varie tappe dello sviluppo si susseguiranno senza bisogno di forzature. Abbiate l'umiltà di osservarlo e di incoraggiarlo senza intralciarlo con aspettative precise o con interventi non necessari. Siate presenti, non invadenti: saper osservare è una delle cose più importanti e più difficili da imparare per un genitore.

Quando il bambino inizia ad acquisire maggiore autonomia, è bene incoraggiarlo lasciandogli tutta la libertà possibile. E con questo non intendo che bisogna lasciargli tirare giù le tende o giocare con i fili elettrici in nome della libertà, ma che bisognerebbe cercare di organizzare la casa, o almeno la sua cameretta e il soggiorno, perché sia "a misura di bambino". Il piccolo dovrebbe potersi muovere senza impedimenti, senza rischiare di farsi male o di fare danni, e senza sentirsi dire continuamente "no". In questo modo potrà sviluppare indipendenza e spirito di iniziativa, senza aver sempre paura di sbagliare e di essere sgridato. Sarebbe opportuno togliere di mezzo oggetti fragili, preziosi e pericolosi finché non avrà imparato a comprenderne il valore. Non è necessario sbarazzarsene; basterà sistemarli in alto, fuori dalla sua portata.

Il bambino che ha una certa libertà di movimento, e che ha a portata di mano pochi oggetti solidi, interessanti e di qualità con i quali sperimentare, inizierà a giocare per conto suo, purché siate comunque nei paraggi. Al contrario, il piccolo al quale è vietato andare là, toccare questo o quello, correre, o saltare, avrà bisogno del vostro aiuto per trovare qualcosa da fare senza essere sgridato.

Il bambino libero di esplorare acquisisce maggiore autonomia, maggiore fiducia in se stesso, e maggiori abilità pratiche. Il bambino che aiuta la mamma a lavare le verdure sviluppa in maggior misura i sensi (che poi sono solo cinque, anche se certe pubblicità promettono di svilupparne molti di più) di quello seduto di fronte alla girandola luminosa. Certo, magari ci sarà un po' d'acqua sul pavimento, ma indovinate chi sarà felice di asciugare? Proprio lui, il vostro bambino. In questo modo avrà imparato a svolgere un compito, a controllare che tutto sia in ordine, a sistemare eventuali "danni" provocati, rendendosi conto che la responsabilità è sua, ma senza viverla come un peso. Se pensate di insegnare queste cose ai vostri figli quando saranno adolescenti... buona fortuna!

E che dire del riordinare? Se riusciamo a convincere i nostri figli che riordinare fa parte del gioco, eviteremo musi lunghi e discussioni; a tale fine, è importante che il numero dei giocattoli sia limitato e che ognuno abbia un proprio posto ben preciso. L'ordine è molto importante non solo per la mamma, ma anche per il bambino perché se vive nel caos, avrà il caos anche nella sua testa. Fino ai tre anni i bambini amano l'ordine e impareranno senza sforzo i gesti necessari a mantenerlo. Questi poi rimarranno come un'ottima abitudine per il resto della loro vita.

Purtroppo i materiali naturali stanno a poco a poco scomparendo dalle nostre case e dalle nostre vite. Il legno, ad esempio, materiale antico, poetico, carico di storia e di significato, porta in sé la storia dell'albero, il lavoro dell'uomo, la cura e il rispetto per la natura. È un materiale gradevole al tatto, solido e sicuro. I giocattoli in legno durano tutta la vita e possono passare di generazione in generazione, aumentando il loro valore affettivo e la connessione tra genitori e figli e rinforzando le tradizioni familiari e il senso di appartenenza.

Scegliere un gioco di qualità, come una figura intagliata nel legno, ad esempio, è un segno di rispetto nei confronti del bambino. Il cavallo di legno sarà forse più costoso di quello di plastica, ma durerà tutta la vita e sarà trattato con maggiore rispetto, insegnando al bambino il valore delle cose, frutto del duro lavoro dell'uomo. Ce ne sarà uno e non dieci, e grazie alla sua unicità sarà ancora più prezioso.

Educandoli al gusto delle cose belle e di qualità, al rispetto e alla cura delle proprie cose, aiuteremo i nostri figli a cercare e a creare bellezza intorno a sé, nella loro vita, nel mondo.

I giocattoli dovrebbero essere facilmente accessibili, a portata di mano, in soggiorno o nella stanza nella quale la famiglia passa più tempo e non solo nella camera dei bambini. Un piccolo scaffale ordinato o un cestino dei tesori non comprometteranno certo l'aspetto estetico della vostra casa; soprattutto se ogni giocattolo ha un suo posto ben preciso. Questo rende l'ambiente gradevole e ordinato e rassicura il bambino che, perfettamente in grado di riporre ogni oggetto al proprio posto, si sente competente e impara a tenere in ordine. Ovviamente è indispensabile dare l'esempio, mantenendo lo stesso comportamento. Limitare il numero di oggetti presenti in casa e assegnare a ciascuno il proprio posto è un'ottima idea anche per mamma e papà.

Se i giocattoli con finale aperto[1] sono preziosi per stimolare la creatività, anche i giochi con un fine preciso hanno la loro utilità e sono per il bambino fonte di piacere. Infilare una determinata forma nel foro corrispondente o comporre un puzzle può essere per il bambino una grande fonte di soddisfazione. Giochi di questo tipo forniscono inoltre quello che Maria Montessori definisce il controllo dell'errore. Il bambino capisce da solo se ha effettuato l'azione corretta o meno. Se il cubo entra nell'apposito foro, l'operazione è corretta. Se invece non ci passa, significa che c'è un errore. Non c'è bisogno di interferire, se non per mostrare al bambino, le prime volte, il corretto funzionamento del gioco. Basterà mostrargli il procedimento e lui vorrà imitarci.

Se poi vuole usare i pezzi del *puzzle* per costruire una capanna, lasciatelo fare. Quando avrà finito, mostrate l'esempio iniziando a riporre i pezzi nella propria scatola e il vostro bambino vi imiterà.

Quando volete premiare, coccolare o semplicemente far piacere al vostro bambino, sorprendetelo con un pic-nic all'aria aperta, con una passeggiata in riva al mare o con un'uscita "a due" (particolarmente importante se avete due o più figli). In questo modo eviterete di associare la felicità all'acquisto di un nuovo gioco o al cibo.

Pensate anche a creare dei semplici giocattoli per i vostri figli. Quelli fatti a mano con materiali naturali permettono ai bambini di rinforzare il legame con la persona cara che ha lavorato, con passione e amore, per creare l'oggetto in questione e con la natura, nel rispetto della stessa. Essendo in genere giochi semplici e con finale aperto, questi consentono per di più al

1 Cioè non strutturati; si prestano a diversi utilizzi creativi.

bambino di esprimere liberamente la propria creatività.

Realizzare giocattoli per i nostri bambini fa bene anche a noi, genitori moderni, sempre occupati e spesso in preda ai sensi di colpa. Lavorare con amore per creare un gioco destinato ai nostri figli può aiutarci a compensare il fatto di non poter trascorrere con loro tutto il tempo che vorremmo.

Creare giocattoli per i nostri bambini ci permette inoltre di avere il massimo controllo sulla qualità di ciò che diamo ai nostri figli, il che non accade con i giocattoli di produzione industriale. Negli ultimi anni milioni di articoli per l'infanzia sono stati ritirati dal commercio per motivi diversi, ad esempio:

- presenza di sostanze tossiche (piombo, formammide, ftalati...)
- rischio di soffocamento
- rischio di strangolamento
- pericolo di lesioni
- rischio di bruciature

Gioielli per bambine verniciati al piombo, trucchi contenenti sostanze tossiche, giocattoli con piccole parti calamitate che, se accidentalmente ingerite, potrebbero causare perforazioni intestinali, tappetini da gioco pieni di formammide (sostanza cancerogena). Giocattoli rimasti sul mercato per mesi, in alcuni casi addirittura per anni, prima di essere ritirati per i motivi sopra citati. Sharon Lamb e Lyn Mikel Brown, autrici del libro *Packaging Girlhood*[2] citano alcuni esempi di giocattoli ritirati dal commercio per i motivi sopra elencati negli ultimi anni:

- Circa 1 milione di giocattoli "Dora l'esploratrice"
- 683 mila Barbie con il cagnolino Tanner
- 675 mila accessori vari per Barbie
- 7 milioni e 300 mila Polly Pocket
- 30 mila kit "rossetto, ciondolo e braccialetto"
- 80 mila braccialetti, collanine e ciondoli per telefono cellulare destinati alle bambine
- 12 mila lettori cd e mp3
- 71 mila spille
- 500 mila ciondoli per bambine al piombo rimasti sul mercato per ben cinque anni

2 Sharon Lamb, Lyn Mikel Brown, *Packaging Girlhood,* St. Martin's Press, 2006.

Gioco e condizionamenti

Nel suo libro *Playful Parenting*, Lawrence J. Cohen sottolinea un aspetto importante dei giocattoli ispirati alle serie televisive.

Gormiti, Winx e compagnia, "*oltre ad essere un modello di dubbio valore, limitano sensibilmente le possibilità di gioco creativo. I bambini tendono ad attenersi al "copione" ideato dai produttori e a ripetere il gioco così come è stato impacchettato e venduto*". Rafforzati dalle serie televisive nelle quali questi personaggi vanno in scena, questi scenari lasciano poco spazio alla creatività. X combatterà sempre con Y, sarà sempre amico di Z e di rado interverranno nuovi personaggi o nuove situazioni. Un pezzo di legno potrà diventare pistola, ma anche mazza da baseball, personaggio immaginario o cucchiaio. Un Pokémon difficilmente potrà essere altro che un Pokémon.

Nella scelta di un giocattolo per i nostri bambini, è importante chiedersi qual è l'uso che ne potranno fare. Si tratta di un gioco che incoraggia l'immaginazione e la sperimentazione oppure di un turbinio di luci e suoni che il bambino non potrà che osservare in silenzio?

È importante anche prediligere i giocattoli appropriati in base all'età del bambino. Non cedete alla tentazione di acquistare giochi per un'età superiore pensando di stimolarlo maggiormente: non farete che frustrarlo. E nemmeno toglietegli quelli "per bambini piccoli" se vi gioca con piacere, pensando che possano "ritardarlo".

Creare insieme

Un tempo i giochi erano fatti in casa per necessità. Oggi è soprattutto per piacere che i genitori creano giocattoli per (e con) i loro figli. Un giocattolo realizzato dai genitori, magari con la partecipazione del bambino, ha un significato molto più profondo. A cominciare dai materiali, di solito recuperati in casa tra gli oggetti familiari, passando dall'esperienza condivisa, dal tempo trascorso insieme, dalla trasmissione del sapere e dalle competenze necessarie al processo creativo. Il tempo che il genitore dedica all'attività creativa condivisa o destinata ai propri bambini arricchisce l'oggetto di tutta la carica emotiva della quale un giocattolo acquistato sarebbe privo.

Dando al bambino l'opportunità di creare da sé i propri giochi, gli permettiamo di realizzare ciò che davvero gli sta a cuore; ciò di cui ha realmente bisogno. Quasi mai i giochi già pronti e impacchettati corrispondono al 100% ai bisogni profondi del bambino.

Mostrare al bambino che ciò che desidera può essere creato è infine un modo formidabile per incoraggiare lo spirito di iniziativa e la capacità di affrontare i problemi.

La stanza dei giochi

Ecco alcuni consigli utili per organizzare lo spazio da gioco, sia esso una sala giochi vera e propria, la cameretta dei bambini o un angolo nel salotto.

Per cominciare, ricordate che "meno è meglio". Passate al vaglio tutti i giocattoli dei vostri figli. Alcuni non vengono mai utilizzati; altri provocano più capricci che divertimento; altri ancora, non adatti all'età del bambino, possono risultare molto frustranti se non addirittura pericolosi.

Un numero eccessivo di giocattoli (e di oggetti, o di stimoli in generale) non fa che confondere il bambino. Scegliete i suoi giocattoli preferiti del momento, a cui potrete affiancare altri giochi il più possibile "aperti" (che si prestano a diversi utilizzi mettendo in gioco la creatività) e sistemateli in ordine su ripiani bassi, che il bambino possa agevolmente raggiungere da solo.

Dai tre anni in su potrete proporre piccoli oggetti come biglie, sassolini, conchiglie, costruzioni, *puzzle*, che conserverete in piccole ceste disposte in modo da essere accessibili.

La classica cesta dei giocattoli è in genere un pozzo senza fondo. Ci si butta di tutto, senza cura, senza rispetto, senza nemmeno farci caso. La stanza sembra in ordine ma ritrovare un determinato gioco diventa un'impresa. Risultato: disordine e frustrazione.

Selezionare un numero limitato di giochi (che potrete alternare ogni tanto con altri per tenere vivo l'interesse senza per forza doverne acquistare di nuovi), dando a ciascuno il proprio posto, incoraggia il bambino a mantenere l'ordine. Date l'esempio iniziando a riordinare al termine di ciascuna attività. Fatelo cantando, ballando, ridendo; fate in modo che riordinare sia parte integrante del gioco. Il vostro bambino farà altrettanto.

Lasciate spazio al gioco libero. Le dimensioni di questo spazio varieranno in base alle vostre possibilità, ma è importante che i bambini abbiano almeno un'area nella casa nella quale potersi muovere senza impedimenti.

Proprio come voi vi prendete cura di loro, i vostri bambini amano prendersi cura delle bambole. Attraverso l'imitazione imparano i gesti quotidiani e praticano l'empatia. Potrete allora allestire un angolo nel quale riporre le bambole, dare loro da mangiare, coricarle prima di andare a letto. Mettere a nanna le bambole è un gesto che può entrare a far parte del rituale della sera, preparando il bambino al sonno.

Ispirato alla didattica steineriana, il tavolo delle stagioni è un semplice spazio in un angolo della casa nel quale raccogliere elementi naturali legati alla stagione in corso. Fiori, foglie, pigne, castagne, sassi e chi più ne ha più ne metta. I tavoli delle stagioni steineriani sono spesso abitati da folletti, animali e altre creature in legno, lana o tessuto, realizzate insieme ai bambini.

Appendete uno o più cristalli davanti alla finestra. Quando i raggi del sole li attraverseranno, la vostra casa sarà rallegrata da una moltitudine di arcobaleni.

Dopo aver predisposto questo meraviglioso e confortevole spazio di gioco per i vostri bambini, non dimenticate di uscire all'aperto! Se il calore della vostra casa è rassicurante, è là fuori che vivrete le esperienze più straordinarie!

Le armi giocattolo

Quella delle armi giocattolo è una questione delicata. Possiamo vietarne l'uso, ma... che fare quando i nostri figli iniziano a sparare con un pezzetto di legno o con una pistola di legno? O ad assaltare diligenze con il coltello di legno intagliato da papà per poter giocare alla cucina?

Censurare questo tipo di gioco è possibile. Tuttavia, questa soluzione risolve di rado il problema. Un provvedimento del genere creerà senz'altro tensioni e spingerà il bambino a sperimentare questo tipo di gioco di nascosto, quando i genitori non sono presenti o quando sono distratti. E vi priverà di un'occasione di gioco condiviso.

Con un po' di immaginazione possiamo riuscire a "dirottare" l'aggressività simbolica caratteristica di questo tipo di gioco verso una direzione del tutto inaspettata. Nel suo libro *Playful Parenting*, Cohen parla della "Pistola dell'amore":

Quando, durante una delle sue sedute di "gioco-terapia", il bambino gli puntò addosso una pistola, il dottor Cohen reagì con prontezza: "*Ah, hai trovato la pistola dell'amore! Quando vengo colpito da uno dei suoi proiettili non posso resistere: vengo investito dall'amore per la persona che ha sparato*". Il bambino reagisce con un misto di stupore e scetticismo, poi spara. Colpito da quell'arma bizzarra il dottore inizia a rincorrere il bambino per poterlo stringere tra le braccia e riempirlo di coccole.

Dal gioco della pistola nasce un gioco ad alto contatto, senza bisogno di divieti o prediche.

Ancora una volta, la chiave sta nella condivisione. Partecipando al gioco dei vostri figli potrete dargli una direzione differente. Se il vostro bambino vi spara, potete cadere a terra feriti e chiedere aiuto, offrendogli la possibilità di trasformarsi in medico o in soccorritore. Chiudendovi alla comunicazione e imponendo regole rigide, spesso prive di senso agli occhi dei bambini, invece create un muro tra voi e loro.

Anche Bettelheim sdrammatizza l'importanza delle armi giocattolo:

> "Così come il fatto che il bambino giochi con i camion o con le costruzioni non significa che il bambino diventerà camionista o architetto, così il fatto che si interessi alle armi giocattolo non significa che farà uso di armi in futuro. Al contrario lo psicologo ritiene che la paura dei genitori che il figlio diventi un violento sia ben più dannosa che qualsiasi tipo di arma giocattolo. Niente è più importante della convinzione, da parte dei genitori, che il loro figlio è una persona buona e che tale resterà. Questo lo aiuterà ad avere fiducia in se stesso evitando che senta il bisogno di agire in modo aggressivo nei confronti degli altri".[3]

L'aggressività che il bambino scarica attraverso il gioco non ha nulla a che vedere con un comportamento criminale. Riflette invece ciò che il bambino vive ogni giorno (rivalità tra fratelli, collera nei confronti dei genitori) permettendogli di esprimere le proprie emozioni con conseguenze

3 Bruno Betttelheim, *Un genitore quasi perfetto*, cit.

accettabili. Anche in questo caso, una volta raggiunto l'obiettivo inconscio, una volta espressa l'aggressività suscitata da un evento o da una situazione particolare, il bambino passerà con naturalezza ad altro.

Spesso poi il desiderio del bambino è quello di proteggersi e non di aggredire. Essere privato della possibilità di rassicurarsi proprio da coloro che dovrebbero proteggerlo può essere destabilizzante.

Molto più che una ramanzina sulla brutalità della guerra, presumibilmente troppo astratta per il bambino piccolo, può essere utile, sempre secondo Bettelheim, confrontarlo alle conseguenze di un ipotetico gesto brutale: *"E ora* [che mi hai sparato] *chi scalderà il tuo latte? Chi ti porterà a prendere il gelato?"*

I travestimenti

Un gioco senza tempo che diverte i bambini di tutte le età stimolando la creatività e l'immaginazione. Anche in questo caso, non è certo necessario acquistare l'ultimo, costosissimo costume ufficiale del nuovo personaggio proposto dai cartoni animati.

Una scatola contenente quadrati di tessuto, corone intrecciate, vecchi cappelli, cinture fuori moda e scarpe ormai smesse offrirà ai vostri bambini tutto ciò che serve per permettere alla loro fantasia di spiccare il volo. Rovistate nei vostri armadi e cassetti, in soffitta e in cantina. Nei mercatini dell'usato, poi, troverete veri e propri pezzi da collezione.

III

Non solo giocattoli

Gioco e competizione

Che si tratti di una partita di calcio o di scacchi, noi genitori siamo volte combattuti. Spesso i padri, educati fin da piccoli alla competitività, vogliono insegnare ai propri figli (soprattutto maschi) a "cavarsela" anche nelle peggiori circostanze. Giocano quindi in modo "duro" e "imparziale". Su quanto possa essere equa e imparziale una partita tra un adulto ed un bambino si potrebbe senz'altro discutere, visto che il vantaggio dato dall'età e dall'esperienza è innegabile.

Molte mamme, invece, educate a occuparsi degli altri e a fare piacere al prossimo, lasceranno vincere il piccolo in modo da farlo sentire "forte". Il risultato è che talvolta giocare con mamma non è divertente e che il bambino la vede come una figura poco capace, di scarso valore. Questo non fa che rafforzare ancora di più gli stereotipi proposti senza sosta dalla società.

Come spesso accade, la soluzione ideale sembra stare nel mezzo. Un bambino umiliato dalle continue disfatte si sentirà incompetente, frustrato, arrabbiato e poco motivato. Al contrario, un bambino al quale venga sempre lasciata una facile vittoria si stuferà presto di questa attività, non darà il meglio di sé e magari si innervosirà di fronte al primo avversario competente e competitivo.

L'ideale è fornire al bambino una vera sfida, in modo che sia concentrato, attento e motivato. Lasciarlo vincere le prime volte è una buona idea per incrementare l'autostima e il gradimento del gioco. Poi, man mano che acquisisce dimestichezza, potete iniziare a mettervi in gioco sempre di più e a vincere qualche partita. Anche quando lasciate che vinca, opponete comunque una certa resistenza in modo che il bambino debba rimanere concentrato, escogitare soluzioni, impegnarsi nell'attività che sta svolgendo.

Bambini e TV

"Sottrarre i muscoli del tutto al movimento, è forzarli contro il proprio impulso motore, quindi più che affaticarli è respingerli nel nulla della degenerazione"
M. Montessori, *La scoperta del bambino*

"I bambini, almeno finché non vengono esposti alle immagini preconfezionate proposte dalla TV, non desiderano essere onnipotenti.
Tutto ciò che vogliono è non essere impotenti. Vogliono fare ciò che fanno i grandi – leggere, scrivere, visitare luoghi, utilizzare attrezzi e macchinari.
Soprattutto desiderano poter controllare la propria vita, proprio come fanno gli adulti:
alzarsi, sedersi, camminare, mangiare e dormire dove e quando vogliono".
John Holt, *How Children Learn*

Un bambino che non guarda la TV giocherà a mamma e papà, alle macchinine, a pilotare aeroplani o a vendere scarpe. Giocherà a ciò che vede fare intorno a sé. Giocherà alla vita, giocherà al mondo. Metterà in scena la realtà, la vita di tutti i giorni.

Nel suo *Volevo dirti che è lei che guarda te*, Paolo Landi si rivolge direttamente al bambino:

> La tv ti paralizza, imponendoti l'immobilità forzata del corpo, compresi gli occhi e limita la tua estensione degli stimoli sensoriali reali che agiscono sui tuoi emisferi cerebrali, riducendoli a un surrogato di sensazioni irreali, artificiali. Esistono molti studi scientifici che mostrano come il movimento oculare e il pensiero siano strettamente legati. Gli occhi assumono un'espressione solo quando la coscienza di chi guarda è sveglia e attiva. Se i tuoi occhi restano fissi come quelli di un sonnambulo, il tuo pensiero è ridotto. Il tuo sguardo fisso e freddo sullo schermo tv dice che il tuo pensiero cosciente e il tuo discernimento hanno fatto posto a una ricezione passiva del flusso di puntini luminosi che simulano un'immagine: mentre guardi la tv sei in uno stato di trance che somiglia al sognare da sveglio. [...]

> Se sei un bambino sano dovresti muoverti sempre, tutto il giorno. Correre, cadere, arrampicarti, saltare, spingere. Nel movimento si realizza il tuo desiderio di confronto con l'ambiente che ti circonda. Nello stesso modo impieghi i tuoi sensi: devi vedere un albero, devi assaporare una fragola, devi sentire il vento, devi odorare un fiore, devi accarezzare la tua bambola.
> Davanti a uno schermo, invece, sei costretto a stare immobile e anche le pupille dei tuoi occhi mostrano solo impercettibili spostamenti. Per non parlare dei sensi, azzerati, o sollecitati, nel migliore dei casi, dalla memoria. Devi ricordarti che sapore ha una fragola; devi ricordarti il vento che punge d'inverno e quello che rinfresca d'estate; devi ricordarti un albero, spoglio, con le foglie, secco, rigoglioso.[1]

Alcuni genitori temono che il loro bambino sia emarginato perché diverso, se non guarda la TV. In genere accade proprio il contrario: quelli che non guardano la TV sono i compagni di gioco ideali. Perché sanno giocare, sanno creare e coinvolgere gli altri. In genere riescono pure a inserirsi nel gioco dei compagni anche quando questo è basato sui programmi televisivi. Pur non conoscendo trame e personaggi, riescono a immergersi nella storia, con il vantaggio di poterla immaginare liberamente, senza condizionamenti.

I bambini abituati a stare troppe ore davanti alla televisione perdono invece la capacità di immaginare. Le immagini del piccolo schermo sono preconfezionate. È difficile liberarsene, e infatti se leggete un libro dopo aver visto il film tratto dal libro stesso, difficilmente riuscirete ad immaginare un protagonista diverso dall'attore che lo interpretava.

Secondo uno studio condotto per conto della società Adobe, i giovani informatici di età compresa tra 20 e 30 anni, che fanno parte della generazione "TV-videogiochi" sarebbero meno creativi dei loro colleghi più anziani. Per porre rimedio a questa situazione, Adobe ha dato il via a una serie di laboratori creativi rivolti ai propri dipendenti.

Secondo Neil Postman la televisione può persino "cancellare l'infanzia", sopprimendo il mondo creativo e spontaneo del bambino:

> Il bambino in età prescolare possiede capacità creative e immaginative ricchissime. La possibilità di esprimere tali capacità è fondamentale af-

1 Paolo Landi, *Volevo dirti che è lei che guarda te.*

finché egli possa crescere socialmente, emotivamente e intellettualmente. Il rapporto con i genitori, con gli altri familiari e con i coetanei permette al bambino di esprimere se stesso attraverso l'interazione e il gioco. La sua immaginazione deve correre libera, senza trovare limitazioni né blocchi dovuti a traumi psichici o ai programmi della televisione.[2]

Oggi i nostri bambini sono esposti in misura ancora maggiore a questa ondata di tecnologia: esistono canali televisivi per neonati e videogiochi destinati a bambini dai due anni in su. Con la scusa che si tratta di trasmissioni o di giochi etichettati come "educativi", si tenta di fidelizzare il futuro consumatore fin dalla culla.

È bene essere molto chiari: TV e videogiochi non apportano assolutamente alcun beneficio al bambino piccolo. Al contrario, lo costringono a una immobilità innaturale in un periodo cruciale della sua crescita, durante il quale avrebbe bisogno di sviluppare le proprie capacità motorie e di esplorare il suo ambiente esercitando tutti i sensi. Essere passivamente seduto davanti a uno schermo (per quanto bombardati da lezioni di lingua o di storia dell'arte) priva il bambino delle **esperienze reali,** indispensabili alla formazione del suo corpo e del suo intelletto.

Dipingere su uno schermo tattile non è paragonabile all'attività svolta con carta e pennelli. Più avanti sarà forse utile imparare anche questa abilità, ma non si sarà in grado di svolgerla correttamente se non sono stati praticati i gesti fondamentali con oggetti reali.

Allo stesso modo, prendersi cura di un cucciolo virtuale non serve a nulla. Se non potete accontentare i vostri figli nel loro desiderio di accudire un animale, portateli regolarmente in fattoria, al parco o al maneggio in modo che possano interagire e familiarizzare con animali veri. Troppi bambini al giorno d'oggi non hanno mai visto una mucca.

Le ore trascorse davanti a uno schermo indeboliscono la forza di volontà, lo spirito d'iniziativa e la creatività, che verrà sostituita da una passività del tutto estranea alla natura infantile. I bambini che trascorrono troppo tempo davanti alla televisione sono iperstimolati. Hanno quindi più difficoltà a rimanere attenti e concentrati (a scuola, ad esempio).

2 Antonella Randazzo, *Bambini psico-programmati*, Il leone verde, 2007.

I programmi televisivi possono inoltre provocare un profondo stato di eccitazione che il bambino, chiuso tra quattro mura, non avrà modo di scaricare. L'adrenalina accumulata non potrà essere scaricata né metabolizzata. Le conseguenze? Agitazione, insonnia, iperattività e difficoltà nell'apprendimento.

Davanti allo schermo, i bambini assistono in modo passivo alle avventure di un determinato personaggio, anziché vivere le proprie avventure che, al confronto, appaiono banali e prive di interesse. Non possiamo certo paragonare le nostre case e i nostri giardini agli scenari surreali proposti dai cartoni animati. Nemmeno il povero, tanto desiderato cagnolino potrà tenere testa a quelli, parlanti e volanti, che compaiono nei programmi televisivi destinati ai bambini. Antonella Randazzo sottolinea inoltre che:

> "i programmi televisivi intralciano nel bambino il normale sviluppo del senso di responsabilità. Essi pongono spesso situazioni difficili da risolvere, ma la soluzione è posta sempre all'esterno (poteri magici, armi, aiuti da parte di amici, poteri tecnologici ecc.) L'eroe non utilizza le sue potenzialità interiori per risolvere il problema e non lavora, non fatica, non fa esperienza".[3]

In questo modo non insegniamo ai nostri figli a cercare le risposte e le soluzioni dentro di sé. Non coltiviamo la loro autostima né la fiducia in se stessi.

La televisione nuoce all'immagine di sé anche per altri motivi: promuove infatti un'immagine del corpo umano (soprattutto di quello femminile) falsata e prepotente: ai nostri figli propone modelli estetici irrealistici e quindi irraggiungibili, convincendoli che per avere successo, e quindi implicitamente essere felici, *devono* essere così.

Il bambino ha bisogno di modelli con cui identificarsi. Se nei primi sette anni di vita ha davanti a sé genitori empatici, attivi e volenterosi, si identificherà con loro. Se ha davanti a sé le Winx con il loro fisico anoressico o Ben 10 che si toglie d'impiccio trasformandosi in alieno e combattendo aspramente i suoi nemici, saranno questi i modelli che interiorizzerà.

Che dire poi delle frequenti scene di violenza che possono traumatizzare i nostri bambini o, peggio ancora, desensibilizzarli. Abituati a vedere scene cruente, questi iniziano pian piano a considerarle normali. Scompaiono le

3 *Ibidem*.

reazioni di repulsione nei confronti dell'azione violenta e, con il passare del tempo, entra in gioco il desiderio di emulazione. La violenza viene vista non solo come normale ed accettabile, ma addirittura come mezzo necessario per ottenere giustizia.

All'opposto delle trasmissioni televisive, che offrono al bambino un prodotto preconfezionato da "subire" passivamente, la lettura di una storia permette di immaginare, stimolando la sua creatività. Nelle favole, per di più, i protagonisti risolvono i loro problemi con l'intelligenza o con la gentilezza. Si tratta in genere di personaggi positivi, degni di essere imitati.

Secondo lo studioso Hans Magnus Enzensberger "*la televisione è un farmaco per sospendere l'azione del cervello. Lo si usa, anche coscientemente, per sfuggire ai problemi. Una specie di Valium.*"[4]

La televisione toglie tempo e spazio alle relazioni interpersonali, al confronto, alla conversazione, alla creatività. Sostituisce lo scambio, il dialogo, minando la relazione genitori-figli oppure tra fratelli. La TV ruba tempo e spazio ad altre attività, ai giochi condivisi, alle passeggiate all'aperto. Il risultato è un peggioramento della qualità della vita.

Altro grande problema è quello della pubblicità, che trasforma i nostri bambini in consumatori fin dai primi anni di vita. Che non lascia loro nemmeno la libertà di desiderare ciò che desiderano realmente ma li bombarda di messaggi su cosa è meglio desiderare, plagiandoli senza che se ne rendano conto.

La pubblicità opera sui processi di identificazione. Pone modelli a cui gli spettatori si identificano: bambini intelligenti, belli, felici, famiglie sempre sorridenti, donne bellissime, uomini di successo. Propone modelli irraggiungibili nella loro perfezione. Promette felicità, bellezza, eterna giovinezza, per poi lasciarci con l'amaro in bocca e la frustrazione di non valere nulla. Dopo aver ubbidito ciecamente e aver acquistato questo o quel prodotto, non saremo infatti migliori di prima. La pubblicità genera insicurezza, dipendenza e, nei casi più gravi, disturbi comportamentali.

Durante l'infanzia e l'adolescenza i nostri figli sono in fase di costruzione. Si sentono spesso incerti e insicuri, cercano risposte e modelli ai quali ispirarsi. La pubblicità propone modelli vincenti e spiega esattamente al bambino cosa deve fare (o meglio, cosa deve possedere) per far parte

4 *Ibidem.*

dei vincenti. Chi non si adegua viene ignorato o disprezzato. Ed ecco che le ragazze sviluppano problemi di disturbi alimentari per poter somigliare alle immagini proposte dai media, mentre i maschi sperimentano un senso di inadeguatezza, a meno che non adottino determinati provvedimenti e comportamenti (in genere egoistici o addirittura aggressivi).

> La situazione psicologica indotta dal materialismo favorisce il bisogno di cercare all'esterno un modo per superare insicurezze, paure e fragilità. Difatti alla base dell'uso di stupefacenti c'è proprio il bisogno di sentirsi forti, onnipotenti e di superare ogni limite.[5]

Quando non stanno al gioco, i genitori vengono presentati come noiosi e rompiscatole, incapaci di comprendere bisogni e desideri dei propri figli; bisogni e desideri che solo le aziende sembrano essere in grado di soddisfare. La pubblicità si insinua perfidamente tra genitori e figli per turbare il già difficile equilibrio familiare. L'autorità dei genitori viene messa continuamente in discussione, incoraggiando un comportamento ribelle. Le aziende investono cifre enormi per sondare le menti dei nostri figli e arrivano a conoscere le loro dinamiche mentali ancora meglio dei genitori stessi. Il fine non è però quello di accompagnarli nella crescita, ma di manipolarli e condizionarli.

Secondo Dimitri Christakis, professore di Pediatria all'Università di Washington, la televisione provoca, nei bambini piccoli, un ritardo nel linguaggio. Secondo le sue ricerche, per ogni ora trascorsa davanti alla TV, il bambino è esposto mediamente a 500-1000 parole in meno da parte degli adulti. Essendo il linguaggio un elemento cruciale per lo sviluppo cerebrale, Christakis attribuisce all'abitudine di lasciare la televisione accesa in permanenza anche altri tipi di disturbi, come ad esempio il deficit di attenzione.

La TV è ormai presente nella maggior parte delle nostre case e un uso (molto) moderato e occasionale può essere tranquillamente integrato nelle nostre vite. Se non si riesce a evitarla del tutto è importante però selezionare con cura ciò che proponiamo ai nostri figli e limitare il tempo di esposizione, evitando momenti cruciali come la mattina prima di andare a scuola: i

5 *Ibidem.*

racconti dell'insegnante, in confronto alle avventure del supereroe di turno, appariranno lenti e noiosi. Alla fine della giornata, non saranno certo quelli che rimarranno maggiormente impressi nella memoria.

I videogiochi

Premesso che questo genere di giochi non comporta nessun vantaggio nello sviluppo dei nostri figli, è inevitabile essere confrontati, prima o poi, con le richieste di questi ultimi. Mi permetto di sconsigliare vivamente l'uso dei videogiochi (sì, anche quelli cosiddetti educativi) per bambini al di sotto dei sei-sette anni e di rimandare il più possibile, anche in seguito, l'accesso a questo genere di supporto.

Con il passare degli anni, e con l'ingresso alla scuola elementare, i bambini entrano in una fase nella quale desiderano far parte del gruppo, essere accettati, essere uguali agli altri. In questa fase possiamo considerare, in base alle nostre personali convinzioni, l'eventualità di permettere ai nostri figli l'utilizzo dei videogiochi per potersi confrontare con i compagni anche su questo terreno.

È comunque necessario stabilire dei limiti (ad esempio un giorno a settimana durante il quale è permesso giocare, per un tempo prestabilito). Scegliete con cura i giochi da proporre ai vostri figli e... imparate a usarli. Leggete il manuale di istruzioni, assistete alle partite dei vostri figli o, meglio ancora, giocate con loro. In questo modo eviterete di assumere il ruolo del "poliziotto" che controlla con aria minacciosa, di cui i bambini raramente si fidano. Per alcuni potrà essere un vero supplizio ma una mezz'oretta ogni tanto trascorsa a giocare con i vostri bambini potrà rivelarsi una piacevole sorpresa.

Giochi e stereotipi

Che maschi e femmine siano diversi è innegabile. Che questi abbiano, spontaneamente e naturalmente, gusti diversi è forse altrettanto vero, fino a un certo punto. Che la differenza tra maschi e femmine venga sfruttata spudoratamente per venderci il doppio dei giocattoli è una solida realtà.

Per quanto facciamo attenzione, a livelli diversi, ci caschiamo quasi tutti. Ed ecco che se vogliamo fare un complimento a una bimba le diremo che è bella, mentre al maschietto diremo che è forte. In questo modo rafforziamo l'idea di ciò che apprezziamo in loro e li spingiamo a coltivare questa o quella qualità.

Più o meno inconsciamente, incoraggiamo i nostri figli maschi a esplorare il mondo e a correre rischi mentre tendiamo a proteggere le bambine, alle quali affibbieremo un bel bambolotto da curare. Alle nostre figlie non trasmettiamo abbastanza coraggio, e nei nostri figli dimentichiamo di coltivare l'empatia.

Non è mai troppo tardi per rimediare e, se ci impegniamo in questo senso, non saranno solo i bambini a trarne beneficio. Incoraggiando i propri figli maschi a esprimere le proprie emozioni, anche i papà potranno entrare in contatto con il misterioso mondo dei sentimenti. Spronando le bambine a superare i propri limiti, anche le mamme potrebbero scoprire risorse insperate.

I nostri figli ci offrono una splendida opportunità: quella di rientrare in contatto con il nostro bambino interiore, zittito da troppo tempo. Di farlo sentire amato e rassicurato. Di permettergli di crescere e superare blocchi che ci impediscono a volte di goderci la vita o di essere pienamente noi stessi. Di essere le persone (e i genitori) che vorremmo.

I bambini (maschi) sono spesso investiti di grandi aspettative. Ci si aspetta che compiano grandi imprese e che se la cavino da soli. Se piangono, se hanno paura, se tentano di esprimere le proprie emozioni, vengono chiamati *femminucce*. Vista la connotazione peggiorativa di questo termine, i bambini cercano di non deluderci e di comportarsi da *maschi*, tenendosi dentro le proprie emozioni e puntando sempre ad eccellere, soprattutto sul piano fisico e competitivo. Le bambine, invece, vengono educate ad essere carine, sorridenti e poco assertive. Se non si conformano a questo modello vengono definite *maschiacci*. Di questa etichetta tenteranno di sbarazzarsi esasperando precocemente la propria femminilità.

Nei reparti giocattoli destinati alle bambine, la possibilità di scelta è decisamente limitata. L'autostima delle nostre figlie è messa a dura prova. La campagna Pink Stinks (www.pinkstinks.com) denuncia: nei reparti giocattoli destinati alle femminucce, tutti rosa e paillettes, troverete costumi da principessa, da fatina sexy (completi di scarpe con il tacco) o al massimo da infermiera. Medici, piloti e scienziati sono invece nel reparto maschile. Se vi sentite generosi potrete investire in un meraviglioso abito da sposa. Non intestarditevi però a cercare quello da sposo: non lo troverete.

Questo non incoraggia certo le ambizioni e aspirazioni delle nostre figlie. I mestieri socialmente utili, avventurosi o interessanti sembrano essere riservati al sesso maschile. Le bambine dovrebbero accontentarsi di agghindarsi per essere, al massimo, una gradevole cornice.

Di recente anche alcuni giochi classici sono stati rivisitati in versione femminile. Ed ecco che "Scrabble for girls" tutto vestito di rosa, è presentato con la parola "moda" sulla confezione.

Nella versione "rosa" di Monopoly, invece del cane, della bussola e delle scarpe troverete infradito, borsetta e asciugacapelli. Case e alberghi sono stati sostituiti da boutiques, grandi magazzini e saloni di bellezza. Per finire, la scatola può essere riutilizzata come portagioie.

Pink Stinks segnala anche il gioco "Magnetic Words", volto ad ampliare il vocabolario dei bambini delle scuole elementari. La versione maschile contiene parole come luna, elicottero, aeroplano, ossa, pietre, stagno, erba, cane, foresta, tesoro, correre, arrampicarsi, albero, ecc. Nella versione destinata alle bambine troverete invece: vestiti, fascia per capelli, profumo, rossetto, borsetta, rosa, trucco, scarpe, capelli, gioielli, principessa, regina, tiara, diamante. Alberi, stagni, corse e arrampicate sembrerebbero quindi cose da maschi mentre alle bambine non resta che sedersi davanti allo specchio e farsi belle.

Sharon Lamb e Lyn Mikel Brown, già citate in precedenza per il loro libo *Packaging Girlhood*, hanno esaminato le confezioni dei principali giochi di società attualmente sul mercato e hanno notato che i bambini (maschi) sono spesso raffigurati nell'atto di saltare di gioia, con le mani o il pollice in alto in segno di vittoria. Le bambine, quando compaiono, sono in genere semplici spettatrici.

Le due autrici hanno anche notato che, se i giochi destinati ai maschi comprendono sfide intellettuali ed esperimenti scientifici, tra quelli destinati alle femmine esistono giochi a dir poco inquietanti. Il gioco "Are You 4 Real?", ad esempio, consiste nell'ingannare le proprie amiche inventando una storia e rendendola credibile ai loro occhi. Sulla confezione, tre ragazzine su un tappeto, circondate da cuscini. Insieme, chiacchierano e mangiano popcorn. Si tratta, sembrerebbe, di tre amiche. Sempre che di amicizia si possa parlare, dato che lo scopo del gioco è essere la migliore bugiarda. Destinato alle bambine dai nove anni in su, questo gioco le incita al tradimento e alla menzogna.

Sempre sullo stesso genere, "Fib Finder" contiene una serie di domande alle quali ciascun concorrente dovrà rispondere. Lo scopo è di smascherare eventuali bugie. Il gioco suggerisce alle bambine quali sono gli argomenti "tabù", sui quali sarebbe meglio mentire, per non compromettere la propria immagine di "brava bambina". Ecco alcuni esempi di comportamento considerato "disdicevole": "Hai mai attaccato una gomma da masticare sotto un tavolo?" oppure "Hai mai mangiato un'intera vaschetta di gelato?". Immaginate di rivolgere questa domanda a un maschio. La risposta sarebbe probabilmente. "Sì. E allora?". Perché le nostre figlie dovrebbero vergognarsi dello stesso comportamento?

E che dire del classico gioco "Indovina chi?"; esiste in diverse versioni destinate al pubblico afro-americano e latino-americano. Se l'azienda sembra essere attenta alle questioni razziali, nessuno sforzo è stato fatto negli anni per inserire un minimo di "quote rosa". In tutte le differenti versioni del gioco, troverete diciotto uomini e soltanto cinque donne.

I videogiochi non sono da meno. Descrivono scenari grotteschi nei quali i personaggi femminili sono spesso offerti come trofeo al vincitore; a chi avrà massacrato il maggior numero di avversari.

Nel suo *Bambini Psico-Programmati*, Antonella Randazzo descrive alcuni videogiochi destinati al pubblico femminile commercializzati negli anni Ottanta.

> Il vecchio Tetris in versione rosa "richiede che si faccia ordine nel caos, pulendo ed eliminando i detriti. Si richiedono cioè le abilità delle casalinghe. Nel videogioco "Mrs Pac-Man", versione femminile di "Pac-Man", la strategia del gioco è assai diversa rispetto alla versione maschile. Non c'è nessuno che ci prende a bersaglio, le strategie possono essere diverse e ci si può anche ritirare.[6]

Tra i videogiochi per ragazze più recenti *Packaging Girlhood* segnala invece "The Bratz Dance", nel quale le ragazze sono invitate a provare gli

6 *Ibidem.*

abiti che indosseranno durante una gara di ballo, e "Mary-Kate and Ashley's Sweet 16", che permette di accumulare punti per vincere una bella auto e vestiti alla moda. "Lizzie McGuire On the Go" offre invece la possibilità di raccogliere le informazioni di contatto, le date importanti, oroscopi e bioritmi dei vostri amici.

Alle nostre bambine, insegniamo invece che possono essere medico, scienziato o astronauta se lo desiderano. Che la propria unicità si esprime con le idee, non con gli accessori. Che non è necessario somigliare a Barbie per essere felici. Che non è nemmeno possibile somigliare a Barbie.

Nate negli Stati Uniti nel 2001, le Bratz si differenziano dalla criticatissima (eppur amatissima) Barbie che, in confronto, sembra una santarella. Contrariamente alla loro principale concorrente, non sono delle maggiorate. O meglio, sono *diversamente maggiorate*. La loro testa sproporzionata, infatti, le fa sembrare ancora più magre ed emaciate. Gli abiti sexy, la femminilità ostentata, l'ossessione per lo *shopping* e per i ragazzi sono alla base delle avventure di questi personaggi. Sostituiamo un modello inverosimile e distorto per le nostre figlie con uno altrettanto fasullo e irrealistico.

Dal rosa confetto al rosa sexy il passo è breve. Bambole dalle forme sinuose e dalle tenute ammiccanti forniscono alle bambine una visione distorta della realtà. Le proporzioni di Barbie (per non parlare di quelle di altre bambole come le Bratz) sono decisamente irrealistiche. Le bambine però si identificano in queste figure. Immaginano se stesse come future donne sexy e alla moda, con gambe chilometriche, vitino da vespa e seno molto più che prosperoso. Oppure come esili fatine ammiccanti. Nelle scuole, le nuove dodicenni hanno il reggiseno imbottito e il diario di Playboy. Il loro obiettivo? Essere *trendy*. Che sempre più spesso fa rima con essere sexy.

Negli ultimi dieci anni il numero di preadolescenti affette da anoressia è triplicato. L'età è sempre più giovane. Si tratta di ragazzine di dieci-dodici, a volte anche di otto anni. Spaventate dal giudizio degli altri, stroncate dalle proprie inflessibili autocritiche, umiliate dal confronto con modelli improponibili, centinaia di ragazzine si ammalano ogni giorno.

Sono sempre più numerose le ragazzine che sognano una versione moderna del principe azzurro: calciatore, imprenditore o PR, purché possa offrire una vita all'insegna dello *shopping* sfrenato. Altre invece puntano a diventare famose. Non prima ballerina o cantante: semplicemente famosa. I *reality* puntano i loro riflettori su persone (generalmente prive di talento) completamente sconosciute fino a qualche ora prima, per proiettarle in un mondo dorato quanto falso e crudele. Nella prossima stagione la gloriosa meteora sarà dimenticata.

Anche i cartoni animati promuovono questo genere di messaggio: sono numerose le eroine che, bambine nella vita di tutti i giorni, si trasformano in donne super-sexy per far fronte alle sfide della vita. Le piccole telespettatrici si identificano con questi personaggi e desiderano sentirsi grandi e seduttive. Sono convinte che solo così potranno affrontare il mondo.

Come conseguenza, sono sempre più numerose (e sempre più giovani) le ragazzine che pubblicano foto sexy in rete. Abituate a essere giudicate in base al loro aspetto fisico, sono in cerca di conferme.

Un articolo pubblicato su "The Guardian" prende spunto dalla vicenda di Susan Boyle, cantante scozzese di mezza età che ha lasciato pubblico e giuria a bocca aperta durante una puntata della trasmissione "Britain's got talent". Appena salita sul palco, Susan fu accolta da risatine e persino fischi a causa del suo aspetto fisico. Nel giro di pochi secondi la sua voce portentosa zittì l'intera platea suscitando applausi, lacrime e ammirazione.

La giornalista Tanya Gold si chiede perché rimaniamo spesso stupiti, se non addirittura sconvolti, quando persone poco attraenti compiono grandi cose. Da una signora, anche bruttina, di mezza età ci si aspetta che stia a casa a lavare i piatti e a desiderare di essere qualcun altro. Non certo che abbia il coraggio di presentarsi davanti a milioni di telespettatori con la presunzione di saper cantare.

Per contrastare questa pericolosa tendenza (pericolosa non solo per l'autostima ma anche per la salute fisica e mentale delle donne di domani) è necessario proporre modelli diversi. Modelli di donne che hanno avuto successo grazie alle loro idee, alla loro intelligenza, alla loro determinazione. Di donne che hanno osato andare controcorrente. Di donne che hanno fallito mille volte, senza mai scoraggiarsi, prima di raggiungere i propri obiettivi. Di donne normali, alle prese con le sfide di tutti i giorni, e di donne speciali, che hanno cambiato il mondo.

Il gioco è il principale canale di espressione per i nostri bambini. In quanto tale dovrebbe essere libero da forzature e condizionamenti. Purtroppo, anche quando i genitori sono aperti e neutrali, le bambine sono bersaglio di un vero e proprio bombardamento mediatico: TV, riviste e persino i testi delle canzoni che ascoltano, insegnano loro che per essere soddisfatte di se stesse dovranno conformarsi a una certa immagine femminile.

Una pubblicità della Fisher Price, citata da *Packaging Girlhood*, spiega nel dettaglio alle nostre figlie che cosa significhi essere una bambina. Stando a questa pubblicità, essere una bambina è fantastico. Le bambine adorano giocare con le case di bambole. Questo gioco permetterà loro di scoprire il proprio ruolo e di capire chi diventeranno un giorno. Già, ma chi diventeranno? Se l'azienda promette di dare alle vostre figlie "il controllo", di incoraggiarle a prendere delle decisioni, il campo d'azione è decisamente limitato. Le decisioni riguardano infatti la lista della spesa e la decorazione della casa.

Anche Françoise Dolto[7] ci fa notare che ai maschi regaliamo trenini e macchinine, incoraggiandoli ad andare lontano, a esplorare il mondo. Alle bambine invece regaliamo cucine giocattolo, seggioloni e bambolotti. Il messaggio è: "il tuo posto è a casa".

Ma è davvero utile formare esseri umani destinati a vivere insieme e a non capirsi? Davvero vogliamo educare dei futuri bulletti privi di empatia, incapaci di comprendere le proprie mogli e di accudire i propri bambini? Davvero è così spaventosa l'immagine di un uomo capace di comprendere, di sostenere, di coccolare? Non è quello che tutte vorremmo? Prendersi cura degli altri, e in particolare dei neonati, non fa parte del bagaglio che tutti, uomini e donne, dovrebbero apprendere?

La questione non riguarda soltanto i giocattoli ma si estende a diversi aspetti del nostro quotidiano. Consideriamo, ad esempio, l'abbigliamento. Sempre più spesso vestiamo le nostre figlie con abiti alla moda a scapito della comodità e della libertà di movimento. Bisognerebbe privilegiare, per i bambini, capi ampi e comodi, in fibre naturali, che lascino respirare la pelle e che possano essere sporcati senza che questo diventi un dramma.

Secondo una ricerca citata su *Packaging Girlhood*, le bambine al giorno d'oggi passano meno tempo a giocare che nei decenni precedenti. Uno dei motivi sarebbe l'abbigliamento inadeguato o l'eccessiva attenzione a non sporcare o sgualcire i propri abiti. I bambini hanno bisogno di giocare, di correre, di saltare, di respirare a pieni polmoni, di essere attivi, di superare i propri limiti. Le femmine in particolar modo hanno bisogno di sentirsi forti, attive, coraggiose (contrariamente a ciò che viene loro inculcato dai

7 Celebre pediatra e psicologa francese.

media). Indossare abiti che inibiscono i movimenti non fa che rafforzare l'idea che il loro aspetto è più importante di ciò che possono fare. Saranno anche carine, tutte infiocchettate, ma la corsa che non hanno fatto o la collina che non hanno scalato sarà un pezzo in meno nel mosaico della loro vita. Le bambine di oggi rinunciano al gioco in cambio della moda.

La differenza tra i prodotti destinati alle bambine e quelli rivolti alle adolescenti si fa sempre più impercettibile. Esistono rossetti, reggiseni e borsette per bambine dai cinque anni in su. "*Ma cosa mette una bambina di cinque anni nella borsetta?*"si chiedono Sharon Lamb e Lyn M. Brown *"Probabilmente biglie, caramelle e animaletti di plastica. A meno che non sia stata da Toys "R" Us e abbia acquistato l'Imaginarium Purse Play Set, completo di portafogli, carta di credito e makeup*".

Esiste tutta una serie di prodotti transizionali che fanno da ponte tra il bambolotto e il reggiseno: dal peluche griffato Victoria's Secret al lucidalabbra al gusto di caramella, fatto apposta per "accalappiare" le giovanissime, magari mentre fanno *shopping* con la mamma. Sempre più spesso la pubblicità promuove questo tipo di immagine. Mamma e figlia che fanno *shopping* insieme: un modo per sentirsi vicine, legato indissolubilmente al consumo.

Se la prima Barbie parlante, che diceva (lo sapevate?) "La lezione di matematica è difficile" fu ritirata dal mercato in seguito alle proteste di genitori e insegnanti, lo stereotipo della donna che non ci sa fare con i numeri è ancora ben radicato. Le T-shirt Abercombie & Fitch per ragazzi portano infatti la scritta "Matematica Sovrana" mentre quelle per ragazze recitano "La Matematica non è Divertente". Esempi come questi sono all'ordine del giorno. I nostri figli e le nostre figlie, in cerca della propria identità, sono spesso vittime di questi messaggi stereotipati.

IV

Giochi classici

Le bambole

Apparse molte migliaia di anni fa, le prime bambole avevano una funzione sacra (una sorta di idolo, di statuetta della fecondità). Verso il V secolo a. C. la bambola diventa articolata e assume una funzione ludica. Secondo Gilles Brougère, autore del libro *Le jouet, valeurs et paradoxes d'un petit objet secret* (Autrement, 1992) ciò che differenzia la bambola da altri tipi di giocattoli è la relazione "attiva" che la lega al bambino. La bambola ha un ruolo simbolico molto importante. La bambola è "immagine dell'Uomo". La bambola rappresenta il bambino stesso. Il fatto di poterle attribuire diverse emozioni permette al bambino di sperimentarle senza limiti.

> "Ed ecco che la bambina, giocando con la sua bambola, anticipa una maternità possibile riuscendo ad affrontare meglio le pressioni emotive attuali. Se è gelosa del fratellino che accaparra l'attenzione della mamma, la sua bambola le permetterà di esprimere e di controllare questi sentimenti ambivalenti; può sfogarsi malmenando la bambola, che rappresenta il suo rivale. Può così punire il fratellino per il tormento che lei subisce, e del quale lui è la causa innocente. Può anche soddisfare la parte positiva di questa ambivalenza coccolando la bambola, come fa la mamma con il neonato, liberandosi così del senso di colpa e identificandosi con la mamma. Identificandosi invece con la bambola stessa può beneficiare delle attenzioni che vorrebbe da sua madre."[1]

1 B. Bettelheim, *Un genitore quasi perfetto*, cit.

Le bambole Waldorf

Le bambole Waldorf sono all'apparenza molto semplici. In realtà richiedono un lavoro lungo e minuzioso, e anche una certa dose di forza per imbottirle. A differenza delle bambole di plastica che si possono trovare nei negozi, si tratta di bambole uniche. Proprio come le persone, non ne esistono due esattamente identiche.

Le bambole Waldorf sono composte esclusivamente di materiali naturali, e sono imbottite con lana di pecora, che si scalda a contatto con il corpo del bambino, dando l'impressione di una bambola "viva". Il fatto che i tratti del viso siano appena accennati è il frutto di una scelta precisa: questo permette al bambino di interpretarne lo stato d'animo a suo piacimento. Questo può sembrare scontato ma con le bambole che piangono/parlano/ridono ecc. il bambino non è più libero di decidere a che gioco giocare. Queste bambole possono anche diventare maschi o femmine a seconda della volontà del bambino. E sono adatte ai bambini maschi come alle femmine.

Qualcuno potrebbe avere delle perplessità riguardo all'eventualità di proporre una bambola a un maschietto, per paura di minare la sua "virilità". Niente paura: il gioco con le bambole non metterà in pericolo la virilità futura del vostro bambino. Dai tre ai sei anni il bambino ama imitare i genitori. Ogni giorno li vede accudire uno o più bambini e per lui sarà normale accudire la sua bambola. Se poi ha la fortuna di avere un papà che partecipa attivamente all'educazione dei figli, avrà un meraviglioso esempio di figura maschile, forte e rassicurante, ma anche dolce e amorevole. Per di più, privando i maschi della possibilità di giocare con le bambole si impedisce loro di sperimentarne il potere "terapeutico" descritto sopra, quando parlavamo della bambina alle prese con la gelosia nei confronti del fratellino.

La bambola-fazzoletto

Si tratta di un semplice fazzoletto, preferibilmente di seta, annodato in modo da assumere una forma che ricorda vagamente quella umana. Questa "bambola" può apparire fin troppo semplice e rudimentale al nostro occhio di adulti, ormai viziato dai bombardamenti pubblicitari. Ma il bambino piccolo apprezzerà tantissimo questo gioco, soprattutto a partire dai tre-quattro mesi, quando potrà iniziare ad afferrarlo e manipolarlo.

Questo tipo di bambola è ideale per i neonati. Ma attenzione: se ci sono in casa fratelli e sorelle più grandi ve ne chiederanno una anche loro!

L'oggetto transizionale

I francesi lo chiamano familiarmente *doudou* (pronuncia: dudù). È l'oggetto feticcio di ogni bambino. Di solito un pupazzo, una copertina (la copertina di Linus era appunto il suo *doudou*) o un altro oggetto morbido.

In Francia il *doudou* è una cosa molto seria. Si tratta di un membro della famiglia a tutti gli effetti. Esistono addirittura servizi di immatricolazione, per poterlo ritrovare in caso di smarrimento. Durante la gravidanza, le puericultrici incoraggiano i futuri genitori a scegliere un *doudou* per il loro bambino, e a tenerselo nel letto in modo che questo si impregni del loro odore e possa accompagnare e rassicurare il piccolo fin dalla nascita.

Spesso e volentieri il bambino sceglie da sé il proprio *doudou*, che non sarà sempre quello proposto dai genitori. Sarà un oggetto che, per motivi più o meno comprensibili ai nostri occhi, acquisterà per lui un'importanza e un significato particolare.

Marcel Rufo, psichiatra infantile francese, consiglia alle mamme di rispettare l'attaccamento del proprio figlio al suo *doudou*, e di non cedere alla tentazione di lavarlo a tutti i costi, privandolo di quegli odori di cui è impregnato e che sono tanto cari al bambino.

Secondo Winnicott l'oggetto transizionale (questo è il suo nome tecnico) è un oggetto che non è né interno (in quanto non fa parte del corpo del bambino) né esterno. Non è sotto controllo come il bambino stesso, né fuori controllo come lo è invece la mamma. Si tratta della prima possessione esterna, il suo primo uso di un simbolo e la sua prima esperienza di gioco.

> In realtà non è l'oggetto in sé ad essere transazionale. L'oggetto rappresenta la transizione del bambino dallo stato di fusione con la madre a quello di relazione tra due esseri separati.[2]

2 Winnicott, *cit.*

L'oggetto simbolizza l'unione tra madre e figlio. È la materializzazione di qualcosa di molto più profondo: il bisogno di amare e di sentirsi amati.

Dal 1985 l'associazione inglese "Teddies for Tragedies" realizza orsacchiotti fatti a maglia che vengono recapitati ai bambini in difficoltà in giro per il mondo. Secondo i medici questi orsetti sono spesso efficaci quanto le medicine. Si tratta di oggetti che trasmettono sicurezza e che "simboleggiano un sostegno affettivo incondizionato"[3].

3 *Doudou or not doudou?*, Editions Ramsay, 2006.

V

Arte, manualità e tradizione

L'esercizio dell'arte

Attraverso il disegno il bambino costruisce un mondo – il suo mondo – che riflette le sue preoccupazioni, le sue esperienze, i suoi sogni.
Arno Stern

Uno dei campi in cui credo non bisognerebbe influenzare il bambino, è l'arte. Pablo Picasso diceva di aver impiegato tutta la vita per imparare a disegnare come un bambino. Molti di noi, invece, pretendono di insegnare ai bambini come disegnare. È un po'come voler insegnare loro a giocare.

Ricordo ancora un episodio accaduto quando frequentavo la scuola materna. Me ne stavo buona buona a disegnare con i pastelli a cera. A un certo punto l'insegnante mi si avvicinò, inorridita: "Non esistono gli alberi di fragole!". Mi diede una gomma e mi disse di cancellare le fragole. Il risultato fu un gran pasticcio e una bella dose di frustrazione; il fatto che questo episodio sia rimasto impresso nella mia memoria dopo tanti anni ne è la prova.

Lasciate che i vostri figli disegnino alberi di fragole, scoiattoli verdi e pianeti quadrati. Se proprio ci tenete potete precisare che *nella realtà* quelle cose non esistono, ma non dimenticate di complimentarvi con loro per averle inventate. Lasciate perdere anche le tecniche e i modelli. Almeno finché non saranno loro a chiederveli. Lasciate che si esprimano senza vincoli finché possono. La qualità di un'opera d'arte sta nella sua originalità, non nella sua perfezione.

Prendete sul serio le attività dei vostri figli. Fornite loro materiale di qualità (compatibilmente con le vostre possibilità) e insegnate loro a rispettarlo.

In una bella intervista su www.mammafelice.it, Nicoletta Costa, illustratrice di libri per bambini, dice:

> È importante dare ai bambini gli strumenti giusti per creare, per disegnare. Spesso ai bambini di due anni si danno le matite avanzate, senza la punta, non di qualità... Invece bisogna dare al bambino gli strumenti adatti: molta carta, molto spazio, colori di buona qualità. I bambini hanno bisogno di strumenti. Noi gli diamo dei fogli riciclati, il retro della carta avanzata, come se il bambino piccolo non avesse diritto di avere un foglio di carta prezioso, ma solo la carta che avanza. Ma per lui è importante avere un foglio tutto suo con cui esprimersi, senza la paura di sbagliare. Un fogliaccio di carta, stropicciato e magari ricavato dal retro di qualche altra cosa, non valorizza il suo disegno: noi dobbiamo dargli un foglio bellissimo, per fare un disegno bellissimo.

Mi è successo tante volte di voler conservare un disegno dei miei figli particolarmente bello o toccante, e di dispiacermi per il fatto che si vedesse un testo stampato in trasparenza. E se trovassimo un modo per rispettare l'ambiente e anche le attività creative dei nostri figli? Diamo loro fogli puliti e impariamo a riciclarli!

Esponete in casa i disegni dei vostri bambini. Ne saranno fieri e, vedendo che apprezzate ciò che fanno, saranno invogliati a continuare.

Il processo creativo mette in gioco una vasta gamma di emozioni. Partendo dalla sua volontà, possibilmente non condizionata da modelli o soggetti imposti, sperimenta l'aspettativa, l'eventuale frustrazione, la determinazione nel portare a termine il suo progetto, l'impegno ed infine la gioia derivante dalla realizzazione del proprio pensiero.

Il bambino, lasciato libero di sperimentare senza pressioni e condizionamenti, senza richieste da soddisfare, potrà godere della gioia derivante dalla sua creatività e sarà al riparo dalla frustrazione del "non lo so fare".

Non chiedete ai vostri figli di spiegarvi che cosa rappresentano i loro disegni. Spesso nei primi anni questi rappresentano semplicemente un moto interiore, difficile (se non impossibile) da descrivere a parole.

È vero che, ad un certo punto, nasce l'intenzione di rappresentare degli oggetti. Questo accade per tutti i bambini, dopo che hanno scoperto la somiglianza tra le figure tracciate sul foglio – dei cerchi, ad esempio – e quelle presenti nell'ambiente che li circonda. Ma prima di questa fase, i bambini tracciano dei segni per il semplice piacere di vederli comparire.[1]

Il bambino piccolo non disegna con uno scopo preciso, non intende rappresentare qualcosa, non giudica ciò che ha prodotto. Si esprime spontaneamente e vive con intensità nel momento presente. Non priviamolo di questa esperienza.

"Il foglio è un paradiso, uno spazio dove tutto è possibile."[2]

Secondo Stern, non esistono bambini più o meno portati per il disegno. Tutti sanno disegnare, e siamo noi che definiamo "bravo" il bambino che si adatta e rappresenta cose che noi siamo in grado di identificare. Non giudichiamo i disegni dei nostri figli ma rispettiamoli come naturale segno di espressione di sé. Un disegno fatto per compiacere gli adulti dà al bambino un piacere fittizio.

Per i più piccoli: sperimentare il colore

Rudolf Steiner suggerisce di iniziare dagli esercizi cromatici con gli acquerelli su carta bagnata. Si comincia con un colore alla volta, per poi iniziare molto gradualmente gli abbinamenti e utilizzare tutti i colori primari. Lungi dall'essere noioso, questo esercizio permette ai bambini di cogliere l'essenza di ciascun colore e di sperimentarla a un livello profondo. Ogni colore susciterà emozioni diverse. Da una prima pennellata sul foglio bianco potrà scaturire una vera forza creatrice.

Si può poi iniziare ad associare due colori diversi, osservando come se ne crea un terzo, e proseguire mano a mano fino ad utilizzare tutti i colori primari, imparando a mescolarli per ottenere infinite varianti.

Niente tecniche o disegni da colorare: circondiamoli di cose belle, for-

1 Arno Stern, *Heureux comme un enfant qui peint*, Editions du Rocher, 2005.

2 *Ibidem.*

niamo loro il migliore materiale possibile e stiamo a vedere. È importante avvicinare i bambini prima alla realtà e poi alle raffigurazioni (libri, immagini, ecc.) di essa.

Anche l'arte del modellare (la cera, la sabbia, la creta, eccetera) permette al bambino di dare forma al proprio mondo interiore. Osservando con attenzione ciò che i nostri bambini creano, plasmano, disegnano, potremo capire molte cose su di loro.

Interpretare i disegni dei bambini

Tra i 18 mesi e i 2 anni, il bambino comincia a tenere in mano la matita e a tracciare linee e spirali. Se volete incoraggiare i vostri figli a disegnare potrete procurarvi dei mattoncini di cera o dei pastelli di buona qualità. Facili da impugnare anche dai più piccini, offrono un'ottima opportunità per iniziare a sperimentare.

Fra i due e i tre anni potrete proporre le sperimentazioni monocromatiche con gli acquerelli su carta umida. Dopo aver esplorato, uno alla volta, i colori primari, il bambino potrà iniziare ad associarli e a mescolarli, scoprendo man mano tutte le sfumature possibili.

Dai tre anni in su il bambino inizia a voler rappresentare, nei suoi disegni, qualcosa di preciso. All'inizio si tratta in genere di cerchi e linee. Queste ultime andranno poi a sovrapporsi fino a formare una croce. Questa è la fase in cui il bambino inizia a prendere coscienza di sé.

Il cerchio rappresenta la sua testa. La croce, il corpo. Piano piano, la figura umana prende forma e si fa più dettagliata. Appaiono gli occhi, la bocca e, più tardi, il naso. Un altro soggetto molto amato dai bambini piccoli è il sole. Un sole radioso e splendente significa che il bambino è pronto per uscire dalla simbiosi con la madre (il sole simboleggia, tra le altre cose, il padre) per aprirsi al mondo. In seguito appaiono gli alberi, i fiori, le case.

Verso i sei-sette anni il bambino comincia a voler riprodurre ciò che vede in maniera realistica. Disegna persone nell'atto di svolgere una precisa attività. Le forme sono più definite, i colori realistici. Bisogna tuttavia evitare di forzare il bambino a rappresentare il mondo in maniera realistica. Egli ha infatti bisogno di esprimere la propria creatività. Le sue scelte potranno inoltre rivelarci molte cose a proposito del bambino stesso.

I colori

Il **Rosso** rappresenta l'energia. Troppo rosso può indicare aggressività, collera.

Il **Blu** è il colore della calma, della sensibilità. Molto blu significa che il bambino ha bisogno di tempo, che dobbiamo rispettare i suoi ritmi.

Il **Giallo** simbolizza la gioia di vivere, l'espressività. Se il bambino utilizza molto giallo, ha forse bisogno di liberare delle tensioni.

Il **Verde** rappresenta la perseveranza. Utilizzato troppo spesso, può rivelare un sentimento di insicurezza.

L'**Arancione**, composto dal rosso e dal giallo, è il colore delle relazioni sociali. Il bambino che lo utillizza in abbondanza è in genere vivace e attivo.

Il **Viola** può tradurre ansia e stress.

Il **Nero** spaventa spesso i genitori. In realtà un bambino che utilizza molto nero cerca in genere, semplicemente, il contrasto con il bianco del foglio. Tuttavia, l'utilizzo eccessivo di questo colore può essere un segnale di angoscia. Osservatelo attentamente per individuare eventuali segnali di stress.

Altri elementi utili per interpretare i disegni dei bambini sono i seguenti:

Il **tratto**. Un tratto molto lieve e sottile è tipico dei bambini timidi o ipersensibili. Un tratto chiaro e netto indica un carattere determinato. Se troppo calcato, può essere segno di aggressività.

Il **tema ricorrente**: se il vostro bambino disegna spesso la stessa cosa, sta forse cercando di inviarvi un messaggio. Attenzione a non influenzarlo: se date troppa importanza a uno dei suoi lavori lo incoraggerete, involontariamente, a riprodurre lo stesso tema soltanto per farvi piacere.

I disegni dei bambini piccoli si somigliano, stranamente, in tutto il mondo. Rappresentano il cerchio, la croce, l'uomo, il sole. Ognuna di queste figure rappresenta, secondo gli specialisti, qualcosa di preciso. Senza voler trarre conclusioni affrettate e superficiali vedremo, a grandi linee, di che cosa si tratta:

Il **Sole** è uno dei temi ricorrenti fin dai primi anni di vita. Rappresenta il padre, ma anche l'energia che il bambino assorbe. È importante che sia splendente e radioso. Un sole senza raggi indicherà probabilmente un bambino con poco entusiasmo. Un sole che occupa gran parte della scena può invece indicare una troppo forte influenza paterna.

La **Terra** rappresenta la madre, le radici, le origini.

Il **Cielo** rappresenta i sogni, i desideri, le aspirazioni del bambino.

La **Casa** rappresenta il bambino stesso. L'immagine che ha di sé. Una casa ben proporzionata rispetto al foglio con una porta, delle finestre e un camino, significa che il bambino ha una buona immagine di sé. Una casa senza aperture può denotare un bambino discreto, introspettivo. Una casa molto grande è tipica dei bambini particolarmente emotivi.

La **Porta** rappresenta l'apertura verso il mondo. Le dimensioni della stessa ci diranno se il bambino è più o meno aperto agli altri.

Le **Finestre** sono associate alla curiosità. Un bambino discreto disegnerà delle piccole finestre.

La **Figura Umana** rappresenta il bambino, la sua famiglia e le persone con le quali ha a che fare. Le sue dimensioni e la posizione rispetto al foglio e agli altri personaggi ci svelano molte cose riguardo all'immagine che il bambino ha di sé.

Anche l'**Albero** rappresenta il bambino. Il tronco rappresenta l'"io". Più questo è largo e solido, più il bambino si sente forte e stabile. Un tronco danneggiato può rappresentare un bambino che ha sofferto. I rami e le foglie rappresentano la vitalità, la creatività. Un albero con una chioma poco rigogliosa può rappresentare un bambino a corto di energie.

Il test della famiglia

Gli psicologi lo utilizzano per comprendere il modo in cui il bambino percepisce la propria famiglia. Pur non avendo le competenze necessarie ad un'analisi approfondita, possiamo proporre questa attività sotto forma di gioco e utilizzarla per tentare di comprendere meglio i nostri figli.

Il test consiste nel chiedere al bambino di disegnare una famiglia di animali. La famiglia che il bambino deciderà di rappresentare rispecchierà inevitabilmente la propria, ma non è detto che egli ne sia cosciente.

Non ci sono regole precise per l'interpretazione, ma le caratteristiche tipiche di ciascun animale la dicono lunga sulle persone alle quali sono associate.

Questo disegno, ad esempio, è stato realizzato da mia figlia Gloria all'età di quattro anni. L'orsetto grigio sulla destra è lei. Poco lontano la mamma, anch'essa un orso. Sono le uniche ad essere della stessa specie (seppur di diverso colore). Nella mia personale interpretazione, ho pensato che lei si sentisse più simile a me che agli altri membri della famiglia. O che volesse somigliare a me. Accanto alla mamma, il papà è raffigurato come una tartaruga. Qualcosa a che vedere con il fatto che, all'epoca del disegno, papà avesse una gamba rotta? La lentezza caratteristica della tartaruga era, in quel periodo, tipica anche del suo papà. Poco più in là, ecco la sorellina che aveva all'epoca pochi mesi. Un uccellino che ancora non vola.

C'è bisogno di aggiungere altro? E per finire il fratello maggiore. Una giraffa. Se il suo corpo è proporzionato rispetto a quello degli altri, con il suo lungo collo Leonardo sovrasta tutta la famiglia. È probabilmente così che Gloria percepisce suo fratello. Più grande non solo di lei, ma anche di noi.

La musica

La musica è presente in tutte le culture fin dalla notte dei tempi. Il nostro spirito ne trae beneficio al punto che esistono terapie fondate sulla musica. Avvicinare i bambini alla musica non significa trasformarli in piccoli geni del calibro di Mozart ma offrire una chiave in più per il pieno sviluppo della loro personalità. Offrire anche momenti piacevoli che resteranno impressi nella loro memoria.

Esistono in commercio strumenti giocattolo di tutti i tipi. Tuttavia sono spesso costosi quanto quelli veri, seppur di qualità inferiore. Con una piccola fornitura (triangolo, maracas, xilofono, campanello) i più piccini trascorreranno ore liete. Man mano che il bambino cresce potrete introdurre una piccola arpa (meglio se pentatonica), un ukulele e qualsiasi altro strumento abbiate in casa. In alternativa pentole, cucchiai, coperchi e scatole di fagioli saranno eccellenti sostituti casalinghi.

Se avete in casa uno xilofono potrete modificarlo per ottenerne una versione pentatonica, che permetterà di produrre melodie armoniose anche senza particolari competenze. Basterà rimuovere due note (il *mi* e il *si*).

La musica abbellisce la vita di chiunque e recenti studi mostrano che i bambini possono goderne fin dal pancione. Dal quinto mese il sistema uditivo è funzionante. Le musiche che la mamma ascolta durante la gravidanza hanno spesso un effetto tranquillizzante sul neonato nei primi mesi di vita[3].

I lavori manuali

L'educazione si concentra prevalentemente sulla mente. Chi è privo di educazione si orienta in genere verso i lavori manuali. Ma le piene potenzialità vengono raggiunte dall'unione di queste due parti dell'uomo.[4]

Le attività manuali permettono di ritrovare l'unione tra corpo e mente che, mai come oggi, sono distanti tra loro. Il sapere è intrinsecamente legato al saper fare. Grazie ai lavori manuali il bambino impara attraverso

3 Su questo argomento si possono consultare i lavori di Alfred Tomatis.

4 Rudolf Steiner, *L'educazione dei figli*, Mondadori 2007.

l'esperienza e non semplicemente in modo teorico. La sua conoscenza è profonda e concreta. Saper creare con le proprie mani rinforza l'autostima, la creatività, la capacità di trovare soluzioni originali. I lavori manuali sono l'espressione dell'unicità di ogni persona.

I bambini dovrebbero essere incoraggiati a svolgere attività manuali fin dalla più tenera età; dal lavoro a maglia all'intaglio del legno, senza distinzione tra maschi e femmine. Se avete la fortuna di saper svolgere un'attività manuale, trasmettendola ai vostri figli farete loro un grande regalo. Offrite loro non solo una competenza che potrà essere utile per tutta la vita, ma anche un ponte tra mondo reale e mondo immaginario e un canale di unione e comunicazione con voi. Permetterete loro, inoltre, di trovare più facilmente il proprio posto all'interno della famiglia.

Che si tratti di fare la maglia o di intagliare il legno, attraverso i lavori manuali vengono stimolate la motricità fine e l'abilità pratica. Il bambino può inoltre esprimere le proprie forze creatrici e apprezzare di più gli oggetti di uso quotidiano che utilizziamo senza comprenderne il vero valore. Attraverso il lavoro manuale il bambino impara a maneggiare i diversi materiali, a dosare la forza, a esercitare la precisione. Acquisisce sensibilità ed equilibrio. Impara a rispettare e manipolare gli oggetti e gli attrezzi con cura. Impara a rimanere concentrato e a perseguire un obiettivo.

Potrebbe sembrare anacronistico complicarsi la vita costruendo qualcosa che è facilmente reperibile sul mercato. Ma il punto non è adattarsi ai tempi; è saper godere dei privilegi offerti dal progresso, senza perdere il valore intramontabile di queste attività tradizionali.

Rudolf Steiner sosteneva che:

> Nessuno, che non sia in condizione, se necessario, di rattopparsi le calze o di rammendarsi i vestiti, può essere un bravo filosofo. Come si può infatti sapere ragionevolmente qualcosa sui più grandi misteri del mondo, se in caso di necessità non ci si può neanche fare le calzature? Non si può davvero voler penetrare con intima partecipazione umana nei misteri del mondo, se non si ha assolutamente la minima abilità per le cose che ci stanno più vicine![5]

5 *Ibidem.*

Nel suo libro[6] Matthew Crawford, filosofo e meccanico americano, racconta la sua conversione: da un lavoro d'ufficio, che non offriva una prova tangibile del risultato né dell'utilità pratica di quanto stesse facendo (con conseguente senso di frustrazione), a uno manuale, con tutta la soddisfazione di veder rombare via la motocicletta riparata.

Secondo Crawford il lavoro moderno è vuoto, privo di significato. Al termine della giornata non è stato prodotto nulla di tangibile, e il concetto di successo o di insuccesso dipende spesso dal giudizio di qualcun altro. Chi svolge un lavoro manuale, al contrario, sa esattamente qual è il suo obiettivo e può valutare facilmente il fatto di averlo raggiunto o meno. Il lavoro manuale è utile, concreto, ci connette con il "mondo reale" e con gli altri. A fine giornata, la stanchezza fisica permette di abbandonarsi serenamente tra le braccia di Morfeo. La stanchezza intellettuale, invece, impedisce di prendere sonno.

Al giorno d'oggi il lavoro manuale è spesso visto come poco prestigioso; nelle scuole si insegna a conoscere senza sperimentare. Intanto i lavori manuali vanno scomparendo e si pagano a peso d'oro. Già, perché non si può riparare un rubinetto stando seduti davanti al computer. Per quello ci vorrà sempre l'idraulico.

La graduale scomparsa dei lavori manuali ha una conseguenza molto seria: ci allontaniamo sempre di più da quello che è il mondo concreto, reale, per immergerci in una sorta di esistenza virtuale. Diventiamo passivi, dipendenti, facilmente manipolabili. Non facciamo più le cose: le acquistiamo. Non ripariamo più gli oggetti rotti: li sostituiamo.

Fare con le proprie mani ci fa sentire soddisfatti e competenti, ma anche realisti e coscienti dei nostri limiti. Produrre, creare, toccare con mano il frutto del nostro lavoro è una innegabile soddisfazione.

Giocattoli fatti a mano

A prescindere dall'utilità pratica dell'apprendere a intagliare il legno o a lavorare il metallo in un'epoca in cui certi mestieri vanno scomparendo, i

6 Matthew Crawford, *The Case For Working With Your Hands: Or Why Office Work Is Bad For Us And Fixing Things Feels Good*, Viking, 2010.

lavori manuali hanno, secondo Rudolf Steiner, un'utilità ben più profonda:

> "Si sa che il nostro intelletto non viene formato insistendo direttamente sull'istruzione intellettuale, ma si sa invece che chi muove in modo maldestro le proprie dita ha un intelletto maldestro e idee e pensieri poco flessibili, mentre chi sa muovere correttamente le dita ha anche idee e pensieri flessibili ed è capace di penetrare l'essenziale" [...][7]

Anche noi genitori facciamo parte di una generazione che ha volutamente tralasciato i lavori manuali. Grazie alla tecnologia, molte attività manuali hanno perso parte della loro utilità ma non il loro significato profondo. Creare una bambola per il proprio bambino non è più necessario. La si può acquistare tranquillamente in negozio. Ce ne sono di tutte le misure, di tutti i colori e per tutte le tasche. Bambole di plastica dure e fredde. Bambole fatte in serie, tutte uguali. Bambole che piangono, che ridono, che hanno mal di pancia e che forzano il bambino a ripetere sempre lo stesso gioco, obbligando i genitori ad acquistare un bambolotto per ogni occasione.

Sì, acquistare una bambola è semplice. Molto più semplice che realizzarla. Ma ci siamo chiesti come mai queste bambole finiscono abbandonate in fondo a una cesta, scarabocchiate e, a parte qualche caso fortunato, trattate con scarso rispetto?

Ci siamo chiesti come mai la bambola morbida e calda, fatta a mano dalla mamma o dalla nonna, venga trattata con maggiore rispetto? La bambola artigianale è unica e già per questo preziosa. Non se ne può acquistare un'altra uguale. Se si rompe, verrà riparata e non gettata senza rimpianto per essere sostituita da un'altra. Essa racchiude tutto l'amore e la dedizione impiegati per la sua realizzazione. Non piange, non ride, non ha mal di pancia. Ovvero può piangere, ridere, strillare o dormire, avere mal di pancia o mal di testa, essere triste o felice e tutto quel che il bambino vorrà. Questa bambola potrà esprimere tutto ciò che il bambino ha bisogno che essa esprima per lui.

Creare giocattoli per (e con) i propri figli è fonte di estrema soddisfazione per tutti. Per il genitore esperto che sfodera le sue migliori abilità.

7 R. Steiner, *L'educazione...*, cit.

Per quello alle prime armi che ci mette tutto il suo amore. Per il bambino che avrà davanti un esempio vivo, attivo e positivo.

Il bambino imparerà ad attendere con gioia, a immaginare le avventure di questo nuovo personaggio che, appena nato, avrà già una sua storia condivisa con voi. Imparerà a essere riconoscente per il tempo e l'impegno dedicatogli. Potrà godersi le ore trascorse insieme a creare qualcosa di bello e di nuovo. Avrà senz'altro voglia di imparare e inizierà ad avvolgere ritagli di stoffa attorno ai suoi pupazzi preferiti. Avrà voglia di fare, di creare, di imparare. Tutto questo coltiviamo nei nostri figli, quando creiamo qualcosa per loro con le nostre mani.

C'è una frase di Mark Twain che amo molto: *"Non sapevano che fosse impossibile. Allora l'hanno fatto"*.

Creando giocattoli per i nostri bambini insegniamo loro che ciò che non c'è non è impossibile: può essere inventato, creato, realizzato. Insegniamo loro che tutto è possibile, basta volerlo. Che se desiderano un giocattolo, lo possono fare.

Che sia una bambola di stoffa, una sciarpa di lana, una culla di legno o una marionetta di cartone, il processo creativo è contagioso e coinvolgente. Creare insieme significa offrire ai nostri figli non solo oggetti unici e di qualità, ma anche meravigliosi ricordi della propria infanzia.

La magia della lettura

Abbiamo già parlato dell'importanza della lettura ad alta voce. Nel suo libro *Bebè a costo zero* Giorgia Cozza introduce l'argomento a cui dedicherà in seguito un intero volume[8]:

"Il rapporto quotidiano con il libro, la familiarità con il tempo lento e quieto della lettura, costituiscono la premessa ideale per sviluppare nel bambino l'interesse e la gioia di leggere".

L'autrice fornisce inoltre una serie di consigli per scegliere i libri adatti in base all'età del bambino:

8 Giorgia Cozza, *Me lo leggi?*, Il leone verde, 2011.

Consigli di lettura per i piccolissimi[9]

Ecco qualche consiglio di lettura per i bimbi da 0 a 6 anni:

• 0-6 mesi. Parlare spesso e cantare al bimbo. Ripetere filastrocche e ninne nanne. Si possono mostrare al bebè immagini o fotografie di un viso.

• 6 mesi. Il bimbo è in grado di afferrare il libro (che dovrà essere in materiale atossico e resistente) e portarlo alla bocca. Scegliere libri dai colori vivaci, che si possono manipolare, con immagini semplici, figure di visi e oggetti familiari.

• 9 mesi. Lo sguardo del bimbo sulle pagine si fa più attento, comincia a capire come "funziona" il libro". Apprezza libri cartonati che raffigurano semplici oggetti di cui l'adulto ripeterà più volte il nome o animali (in questo caso ci si potrà divertire imitando i versi di ogni animale).

• 12 mesi. Il bambino è pronto per le prime storie costruite in modo semplice, che rispecchiano le esperienze quotidiane. Il libro diventa un oggetto sempre più familiare e apprezzato che è in grado di maneggiare sempre meglio.

• 15 mesi. Il bambino sa girare le pagine e porge il libro all'adulto perché glielo legga. Si diverte a ripetere o anticipare singole parole o frasi semplici e brevi.

• 18-24 mesi. Il bambino acquisisce molte competenze nei riguardi dei libri, pronuncia le parole suggerite dalle immagini, prova a dire l'ultima sillaba o l'ultima parola di una frase lasciata in sospeso dall'adulto (specialmente se si tratta di un testo in rima). Ripete piccole sequenze di storie ascoltate tante volte.

• 24-36 mesi. Il bambino sa maneggiare con sicurezza il libro, ascolta attentamente (per alcuni minuti) la lettura dell'adulto e sa ripetere con ordine le brevi storie che gli sono state lette più volte. I racconti possono diventare più complessi e affrontare temi legati alle emozioni del bambino.

• Dai 3 ai 5 anni. Proporre storie divertenti, fantastiche e avventurose, libri con i numeri e le lettere dell'alfabeto, storie sugli amici e sulla scuola, libri con tante informazioni sul mondo.

• 6 anni. E quando il bimbo ha imparato a leggere da solo? Nelle famiglie in cui la lettura ad alta voce è una consuetudine radicata, non c'è motivo di abbandonare questa bella abitudine e finché il bambino lo

9 Giorgia Cozza, *Bebè a costo zero* 2° ed. Il leone verde, 2011.

gradisce si potrà continuare a leggere per lui. Inoltre nei primi anni di scuola prevale l'aspetto "tecnico" della lettura. In questa fase si tende a proporre al bambino testi molto semplici perché riesca a leggerli, ma il bimbo più curioso può comprendere e apprezzare anche storie più complesse. Un'occasione preziosa per condividere ancora qualche avventura con i propri figli, nel meraviglioso mondo dei libri.

Libri fatti in casa

Ma oltre a leggerli, i libri possiamo anche scriverli. Molti genitori, ad esempio, tengono una sorta di diario del primo o dei primi anni del bambino. Fotografie, ricordi, ritagli. Ripercorrerlo insieme è un viaggio nel cuore delle nostre famiglie. Permettete ai vostri figli di sfogliarlo senza paura che lo rovinino. Quando gli avrete insegnato come trattare un libro con rispetto, potrete stare certi che non lo rovinerà. Se proprio volete avere il controllo della situazione, potrete sempre leggerlo insieme.

Ma le possibilità sono infinite: diari di viaggio, libri di ricordi, libri delle stagioni, alfabetieri, erbari e chi più ne ha più ne metta. Scrivete libri per i vostri figli e con i vostri figli. Presto inizieranno a crearli da sé.

Non sapete da dove cominciare? Per i più piccini basterà qualche immagine incollata su pagine di cartoncino spesso, che potrete rilegare con ago e filo. Scegliete immagini realistiche o, meglio ancora, fotografie. In un secondo momento, quando il piccolo inizia ad interessarsi alla lettura, potrete aggiungere il nome dell'oggetto raffigurato.

Ma potrete anche utilizzare i vostri libri fai-da-te per rispondere a un'esigenza precisa. Immaginiamo che abbiate un bambino, e che siate in attesa del secondo. Avete normalissimi dubbi e paure in merito alla sua reazione. Immaginate in che modo vorreste che il vostro primogenito reagisse all'arrivo del fratellino. Visualizzate alcune scene. Il primo incontro, in ospedale, poi il ritorno a casa, tutte le cose interessanti che il "grande" potrà insegnare al piccolo.

Vostro figlio ha un personaggio preferito? Che so, Pinco Pallino? Ebbene, raccontate la storia di Pinco Pallino che sta per avere un fratellino. È molto felice, perché sta per diventare il "fratello maggiore". Questo è un ruolo importante. Avrà un neonato da coccolare e a cui insegnare tante cose. Raccontate di come Pinco Pallino sia felice di andare a trovare il fratellino in ospedale. Di come gli prepari, insieme al papà, una sorpresa per il suo arrivo a casa. Dei giorni che passerà da solo con papà, che magari gli concederà qualche strappo alle regole (andare a letto un po' più tardi, o magari una merenda speciale). Ovviamente poi si torna alle vecchie abitudini e Pinco Pallino è felice di ritrovare i suoi ritmi abituali, perché andare a letto tardi ogni sera sarebbe troppo faticoso, e mangiare una coppa di gelato gigante ogni giorno per merenda farebbe venire il mal di pancia.

Raccontate di come Pinco Pallino sia a volte infastidito dal pianto del fratellino, o dal fatto che deve dividere con lui le attenzioni di mamma e papà. Ma che piano piano il piccino cresce e diventa un fantastico compagno di giochi.

Se lo desiderate, potrete illustrare il vostro libro. Potrete anche decidere di lasciare che siano i vostri bambini a illustrarlo o a colorarlo. Nel caso del fratellino (o sorellina) vi propongo un'attività da svolgere insieme ai bambini per rassicurarli in merito al vostro amore nei loro confronti. Su un foglio, disegnate il *cuore di mamma.* Spiegate al bambino che un giorno mamma ha incontrato papà, e gli voleva tanto bene che è entrato nel suo cuore, ingrandendolo. Poi è arrivato il primo figlio, e il cuore di mamma è cresciuto ulteriormente. Ora il cuore di mamma sta crescendo ancora, per accogliere anche il bimbo in arrivo. Ovviamente lo stesso principio si applica al cuore di papà[10].

Giocattoli fai da te: la sicurezza

I giocattoli in commercio sono sottoposti a regole ferree e soggetti a numerosi controlli. Se confezionate i vostri giocattoli in casa dovrete fare attenzione a rispettare alcuni accorgimenti: piccole parti che possono staccarsi provocando rischio di soffocamento – bottoni, perline o piccole decorazioni dovranno essere cuciti saldamente, eventuali lacci non devono superare i 21 cm (questa è la norma europea per evitare il rischio di strangolamento) di lunghezza, i giocattoli in legno saranno levigati con cura, le tinture e vernici eventualmente utilizzate dovranno essere atossiche e se possibile naturali. Controllate spesso i giocattoli per assicurarvi che mantengano queste importanti caratteristiche nel tempo.

10 Vedi illustrazione a pag. 170.

Tradizioni di famiglia

La torta della domenica con la mamma, la partita a scacchi con il nonno, la caccia alle uova di Pasqua o la messa di mezzanotte per Natale. Gesti semplici, tradizioni di famiglia che resteranno impresse nella memoria del bambino.

Concedetevi un appuntamento settimanale con la vostra famiglia: la partita a "monopoli" del sabato pomeriggio, la passeggiata al parco della domenica, la colazione speciale per cominciare bene la settimana al lunedì mattina... imparerete a staccare e a concedervi del tempo per voi e per i vostri cari che, ricordatelo, sono più importanti di tutti gli altri impegni che riuscite (seppur a stento) a far entrare nella vostra agenda. Ai vostri figli offrirete preziosi e teneri ricordi d'infanzia che li accompagneranno per tutta la vita.

Celebrare le festività

Offrire loro feste memorabili ma anche insegnare a festeggiare gli altri, a pensare a come far piacere ai propri cari, preparando un regalo con le proprie mani, scrivendo una lettera, organizzando una sorpresa.

Alle feste tradizionali potrete aggiungere feste provenienti da tutto il mondo ma anche le date importanti della vostra famiglia (anniversari, ricorrenze varie). Preparate insieme le vostre ricette preferite, decorate la casa, trasmettete la gioia del donare e imparate a ricevere. Ogni occasione è buona per festeggiare: perché non approfittarne?

I nostri nonni festeggiavano la semina, il raccolto, solstizi, equinozi e altri eventi legati al ciclo delle stagioni. Perché non rispolverare queste tradizioni, che risveglieranno un senso di responsabilità e di appartenenza nei confronti del nostro pianeta che ha tanto bisogno di cure?

VI

Il contatto con la natura

Secondo uno studio dell'Environmental Science & Technology, **cinque minuti al giorno** trascorsi in mezzo alla natura (anche solo un parco cittadino) riducono il rischio di depressione e di malattie mentali. La presenza dell'acqua (lago, mare, fiume…), e quindi del colore blu abbinato al verde della vegetazione, amplificherebbe questi effetti positivi.

I nostri bambini stanno perdendo il legame con la natura, e questo porta effetti collaterali considerevoli e spesso sottovalutati. Un tempo si viveva secondo il ritmo delle stagioni. Si mangiavano le arance d'inverno e le fragole d'estate. Si aspettava che le ciliegie maturassero, si preparavano conserve per l'inverno. Il legame con la Terra era forte. L'Uomo se ne prendeva cura e le dedicava il suo lavoro, e Lei ripagava con i suoi frutti.

Oggi si può avere tutto ciò che si vuole in qualsiasi periodo dell'anno. Se togliersi lo sfizio delle fragole a dicembre può essere piacevole, il prezzo da pagare è troppo alto. Sia in termini economici, sia in termini di impatto sul pianeta.

È importante godere delle comodità del mondo moderno, senza dimenticare che la Terra è comunque nostra "Madre", e che bisogna curarla e rispettarla, altrimenti non c'è tecnologia che tenga. Questi concetti vengono ora insegnati in molte scuole, ma restano pur sempre molto astratti. Per imparare ad amare la Terra il bambino ha bisogno di conoscerla, di viverla, di toccarla, di sperimentarla.

Non è necessario vivere in aperta campagna per permettere ai nostri figli di creare un legame con il mondo naturale. Basterà portarli regolarmente al parco, incoraggiarli a osservare la perfezione delle piccole cose, aiutarli a nutrire gli uccelli durante l'inverno, spiegare loro da dove viene ciò che hanno nel piatto.

I nostri bambini conoscono i pianeti, i dinosauri, i faraoni. Ma non sanno distinguere le foglie, gli alberi, i fiori, gli uccelli. Non sarebbe meglio cominciare da ciò che ci circonda, per poi avventurarsi nelle galassie e nei libri di storia?

Non sapete da dove cominciare? Non conoscete le piante, i fiori, gli uccelli? Non sapete come coltivare un orto? Non è un problema. Anzi, è una meravigliosa opportunità per cominciare insieme questa meravigliosa avventura.

Nel suo libro Richard Louv afferma che:

> Contrariamente alla TV, la natura non ci porta via il nostro tempo. Al contrario, lo "amplifica". La natura cura, ispira, stimola la creatività attraverso l'uso di tutti i sensi.[1]

Secondo uno studio della Cornell University, i bambini che vivono a contatto con la natura soffrono meno, rispetto a quelli che ne sono privati, durante i momenti difficili della vita.

I bambini vivono attraverso i sensi. Le esperienze sensoriali sono il ponte tra il mondo esterno e quello interiore. Essendo il mondo naturale la fonte primaria di stimoli sensoriali, la libertà di esplorarlo è essenziale non solo per lo sviluppo fisico ma anche per quello psichico. Ogni luogo naturale contiene una quantità infinita di informazioni, e racchiude un potenziale illimitato di nuove scoperte.

Louv ci ricorda che:

> Man mano che ci allontaniamo dal mondo naturale, ci allontaniamo anche gli uni dagli altri. I bambini che stanno davanti alla TV o ai videogiochi non interagiscono tra loro. Anche se il gioco prevede più giocatori, ciascuno interagisce con il computer, non con l'altro giocatore. [...] Le nuove tecnologie tendono a sopprimere il contatto fisico e l'esperienza sensoriale diretta. Tutto viene filtrato.[2]

1 Richard Louv, *L'ultimo bambino nei boschi*, Rizzoli, 2006.

2 *Ibidem*.

Elke McGrath, mamma *homeschooler* canadese, autrice del blog cabbagesandkingsuk.blogspot.com racconta così la sua infanzia trascorsa in campagna:

> Ho avuto la fortuna di passare quasi un decennio della mia infanzia vagabondando con il mio cane nella campagna dell'Ontario, e so che quest'esperienza è la base della persona che oggi sono. La natura è stata mia compagna e amica. Proprio come Thoureau, non ho mai conosciuto la solitudine, finché ho avuto spazi aperti da esplorare. Ho invece sperimentato una profonda solitudine nelle grandi città oltre che un profondo desiderio di scappare dagli innumerevoli, superficiali svaghi e distrazioni che bombardano i sensi e consumano le vite dei prigionieri, ehm... degli abitanti.
> Durante gli anni trascorsi nei boschi, nei campi, in fattoria, ho appreso molto più di quello che si impara sui banchi di scuola.
>
> FILOSOFIA
> La vita, la morte, i cicli, le stagioni, la giovinezza e la vecchiaia, l'impermanenza, la sofferenza, la solennità, la gioia di fronte alla consapevolezza dell'impermanenza (amiamo la rosa vera più di quella finta proprio perché morirà), le interconnessioni, il concetto di tempo, il legame con gli antenati.
>
> SVILUPPO CARATTERIALE
> Rispetto, umiltà, consapevolezza del proprio valore, fiducia in sé, forza interiore, indipendenza, competenza, pensiero critico e analisi, capacità decisionale, senso di appartenenza, senso di responsabilità, causa ed effetto, conseguenze, compassione, pazienza, valutazione del rischio, senso della prospettiva, la gioia della solitudine.
>
> ARTE
> Apprezzamento della bellezza, a volte conoscenza di crudeli verità, della geometria, del paesaggio, del colore, della variabilità, delle luci e delle ombre, della simmetria, senso di stupore.
>
> EDUCAZIONE FISICA
> Resistenza fisica, competenza, senso di conquista, esperienza del corpo come strumento prezioso e vitale, comprensione di quanto poco di materiale una persona necessiti realmente per vivere. [...]

STORIA
Oltre ad appassionarmi alla storia naturale, mi sono ritrovata a pensare spesso a come la gente viveva in passato – ho indagato sulle abitudini alimentari dei nativi americani locali, ho scoperto di quali cibi selvatici si nutrivano e li ho cercati. Ho assaggiato radici, mirtilli selvatici, uva e mele selvatiche e amare. Non avevo bisogno di tornare a casa per i pasti. Sognavo ad occhi aperti dei primi coloni europei, di come coltivavano il terreno roccioso e di come vivevano insieme ai nativi. Più tardi, a casa o a scuola, ho cercato nei libri le loro storie.

CURIOSITÀ, INESAURIBILE VOGLIA DI IMPARARE
Questo potrebbe stare nella sezione "sviluppo caratteriale" ma siccome è una delle cose più importanti che desidero coltivare nei miei figli, ho pensato che meritasse una sezione a parte. Puoi passare la tua vita intera a studiare una piccola pianta, o un animale, o una roccia e morire senza aver scoperto tutto quello che c'era da sapere in proposito. Sono cresciuta credendo che nella vita sia impossibile annoiarsi; sono incapace di sopportare la compagnia di persone che sono spesso annoiate. E lo considero un pregio.

ABILITÀ PRATICHE
Campeggio, identificazione delle specie, delle costellazioni, nozioni di pronto soccorso, capacità di osservare in silenzio, di sfuggire ai cacciatori, di rianimare un uccellino dopo che il mio cane lo aveva aggredito, ecc.

SALUTE MENTALE
Senso di appartenenza, di essere parte dell'universo. Altrettanto importante, e altrettanto insignificante di ogni altra parte. Senso di condivisione del destino della vita sulla Terra, consapevolezza della fortuna di essere vivi e capaci di vedere la bellezza del mondo, sentirsi a proprio agio in mezzo alla natura, profondo sentimento di soddisfazione nell'osservare semplicemente i fenomeni naturali.

(Testo liberamente tratto dal sito web dell'autrice)

Una recente ricerca condotta dal dottor Dr. Chris Lowry, della Bristol University, sembra inoltre poter confermare scientificamente la relazione tra contatto con la terra e benessere. Il responsabile sarebbe un batterio presente nella terra, il *Mycobacterium vaccae.* Inalato mentre si lavora (o si gioca con) la terra, stimolerebbe la produzione di serotonina, un neurotrasmettitore che agisce come regolatore dell'umore e del sonno, contrastando ansia e depressione, oltre a numerosi altri disturbi.

Che cosa aspettate allora? Uscite fuori e… non abbiate paura di sporcarvi!

SECONDA PARTE

– GIOCHI IN CASA –

La bambola-fazzoletto

Occorrente:
- un fazzoletto di seta o di cotone
- una pallina morbida (di feltro, di lana o altro)

Aprite il fazzoletto ed effettuate quattro piccoli nodi, uno in ogni angolo. Appoggiate la pallina al centro del fazzoletto, raccogliete il tessuto intorno alla stessa e annodate alla base. La vostra bambola-fazzoletto è pronta. (Fig. 1 e 2)

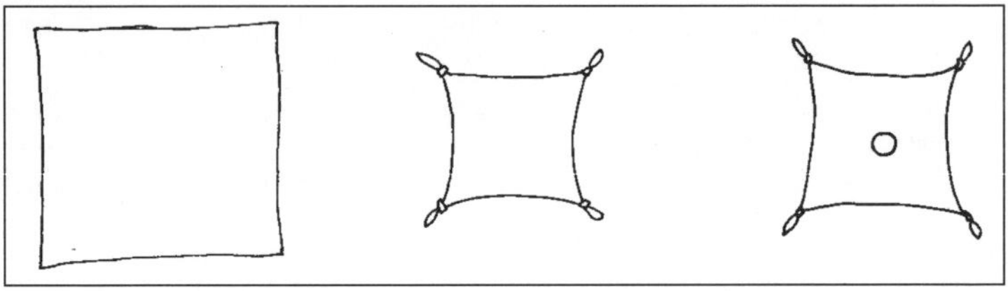

Fig. 1

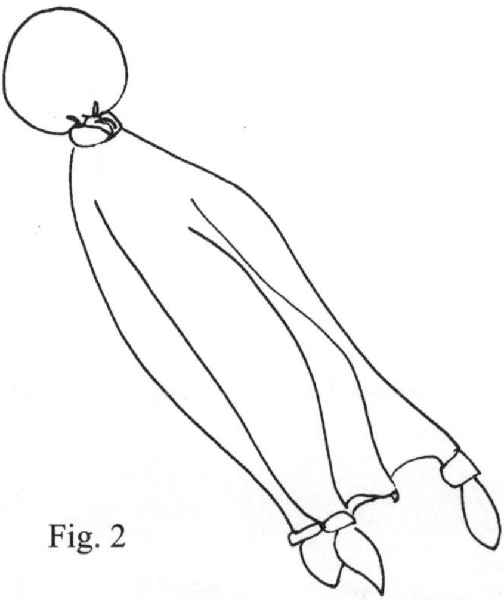

Fig. 2

La bambola Waldorf

Bambola

Occorrente:
- maglina di cotone color carne
- lana cardata
- filo color carne
- cordoncino o filo spesso
- 1 ago
- 1 ago da lana con la punta
- spilli con la capocchia colorata
- lana per i capelli (1 o 2 gomitoli, a seconda dello spessore)
- cotone mouliné da ricamo per occhi e bocca

Oltre ai pezzi indicati nel modello, tagliare un pezzo di maglina (circa 20 x 20 cm) per la seconda pelle della testa.

Con la lana cardata, filata leggermente a mano tirandola, fare un gomitolo, tondo e regolare, abbastanza compatto, fino a ottenere una pallina di 28 cm di circonferenza (foto 1).

Sempre con la lana cardata, preparare delle fasce, che andranno posate a x intorno alla pallina (foto 2 e 3).

Tracciare i contorni del cartamodello[1] sul rovescio della stoffa. Tagliare e cucire le varie parti, rovescio contro rovescio. Prendere il tessuto "corpo" (foto 5), allargare bene i bordi dal lato delle cuciture, e infilare la testa fino in fondo. Ripartire uniformemente le bande posate a x (foto 6).

Con la lana cardata, riempire il corpo e spillare al fondo.

Il corpo, così come la testa, le braccia e le gambe, deve risultare ben compatto. Non duro, ma neanche troppo morbido. Si ammorbidirà con il tempo, e rischierebbe di diventare troppo molle se non abbastanza imbottito.

Legare un cordoncino intorno al collo. Se necessario, aiutarsi con degli spilli come nella foto 8.

1 scaricabile su www.lacasanellaprateria.com/cartamodello-bambola-waldorf/

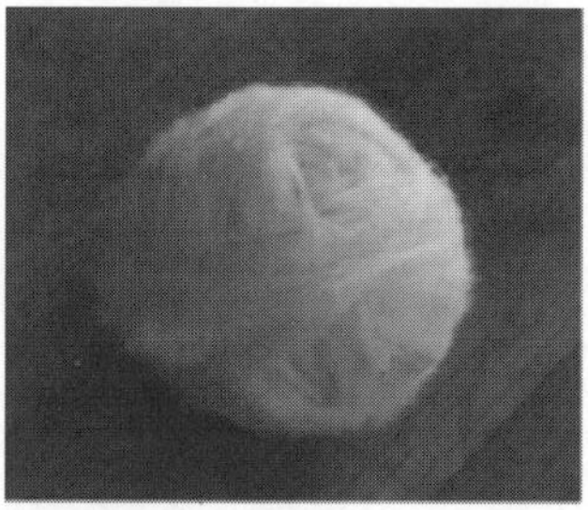

Foto 1

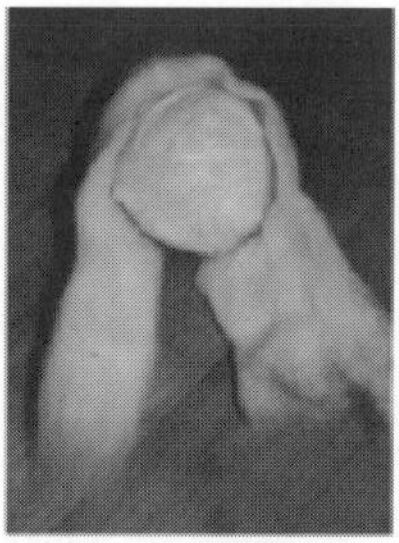

Foto 2

Foto 3

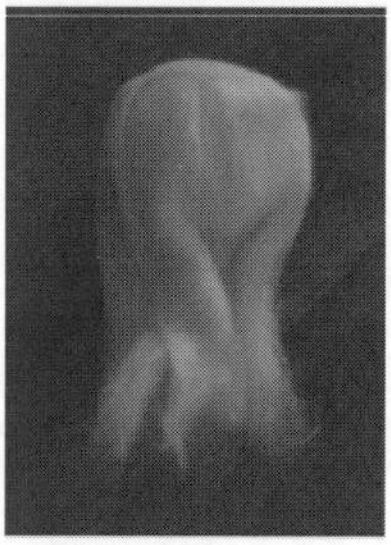

Foto 4

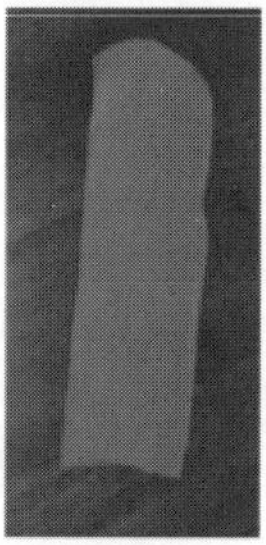

Foto 5

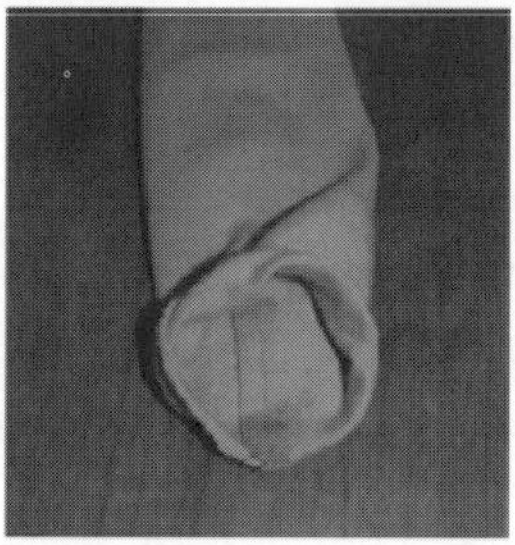

Foto 6

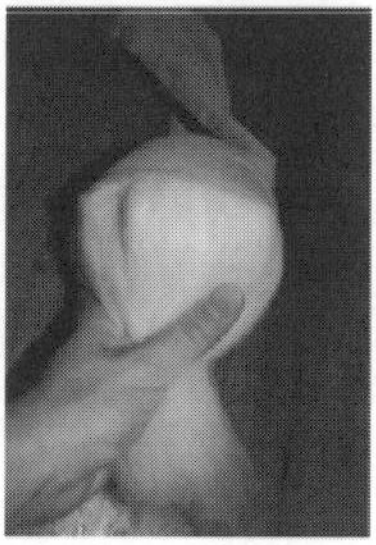

Foto 7

Foto 8

Fare due volte il giro e annodare bene. Ripetere l'operazione 1 cm più in basso. Fissare il cordoncino con piccoli punti invisibili (un punto appena sopra, un punto appena sotto il cordoncino). Si tratta di piccoli punti effettuati quasi uno di fronte all'altro (Foto 9).

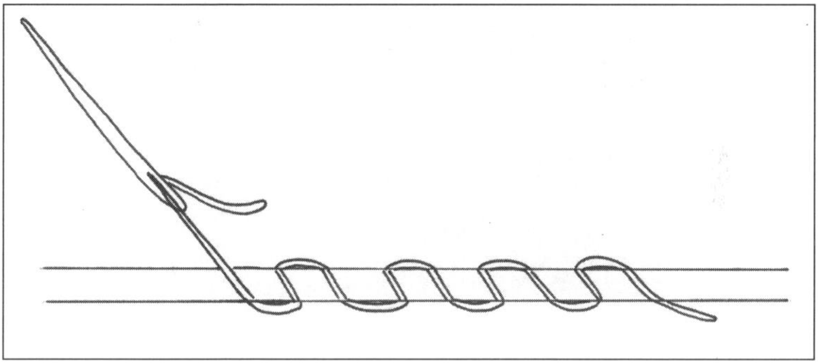

Foto 9

Ecco come apparirà il collo, una volta nascosti entrambi i cordoncini (Foto 10):

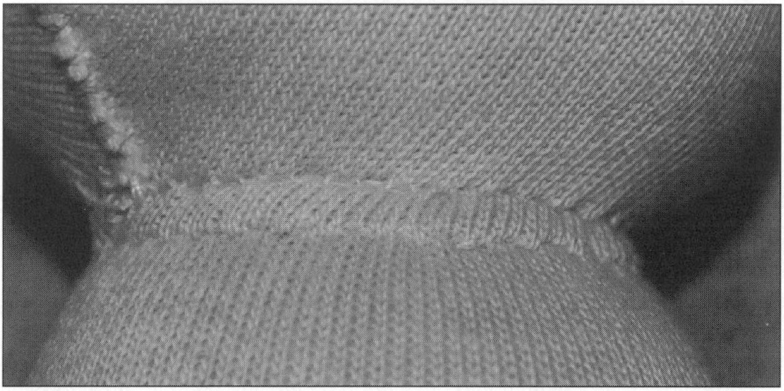

Foto 10

Misurare la lunghezza del corpo (1 volta e mezzo la testa) e cucire al fondo, a punto invisibile[2].

Stringere un cordoncino intorno alla testa, all'altezza degli occhi (un po' più in giù rispetto al centro della testa) (Foto 11).

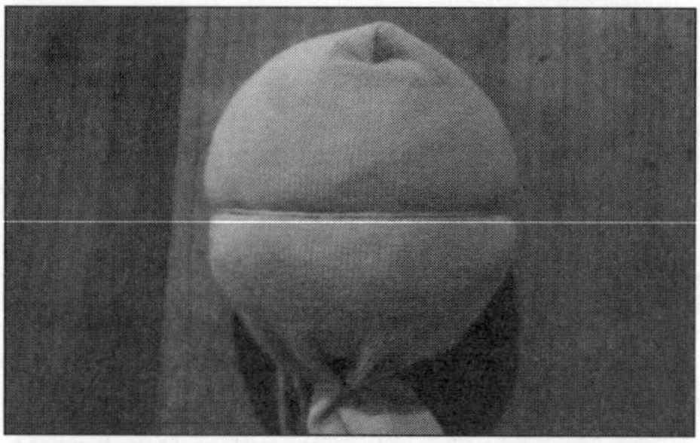

Foto 11

Fare due volte il giro e annodare. Mettere un secondo cordoncino, passando sopra la testa e sotto il mento (Foto 12).

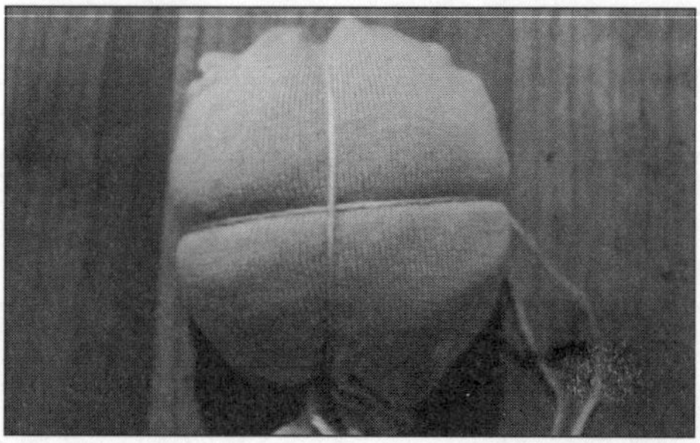

Foto 12

Annodare e cucire con un punto a X all'altezza delle orecchie (Foto 13).

2 Cucitura invisibile. Questo punto vi sarà utile per diversi progetti qui riportati e vi permette di creare una cucitura invisibile.

Avvicinate i due pezzi di tessuto da assemblare l'uno all'altro, ripiegando il bordo in dentro di mezzo centimetro circa. Cucite lungo i due bordi da un lato, poi dall'altro, tornando ogni volta leggermente indietro in modo che i punti si accavallino.

(Vedi foto 9, pag 79).

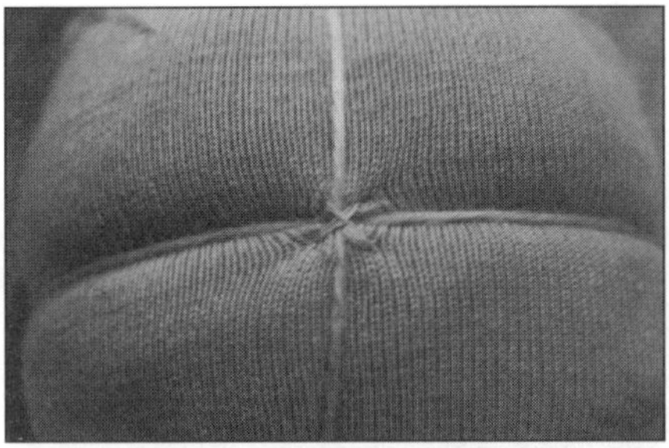
Foto 13

Aiutandosi con un ferro da maglia, abbassare il filo dietro la testa fino alla nuca (Foto 14).

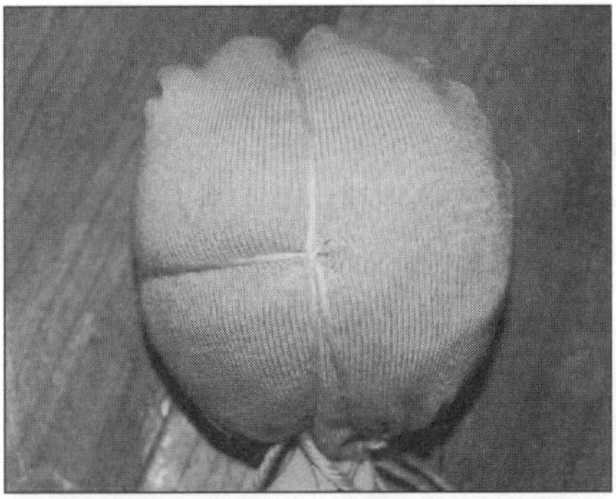
Foto 14

Posizionare due spilli del colore desiderato all'altezza degli occhi. Nascondere il filo cucendo come intorno al collo, a punti più piccoli (un punto appena sopra, un punto appena sotto il filo, orizzontalmente).

Lasciare circa 1 cm dagli spilli (Foto 15).

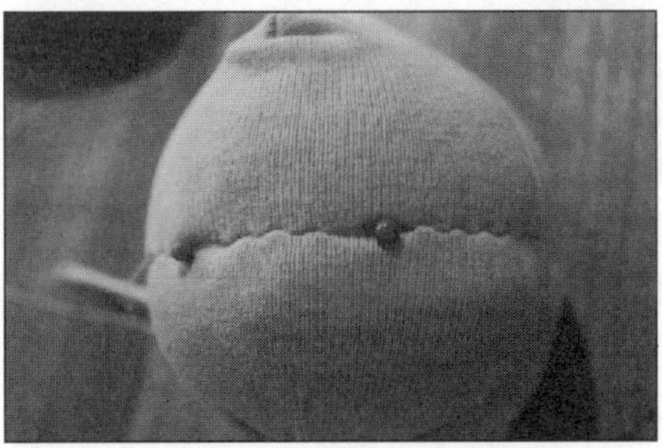
Foto 15

Nascondere allo stesso modo tutti gli altri cordoncini (Foto 16).

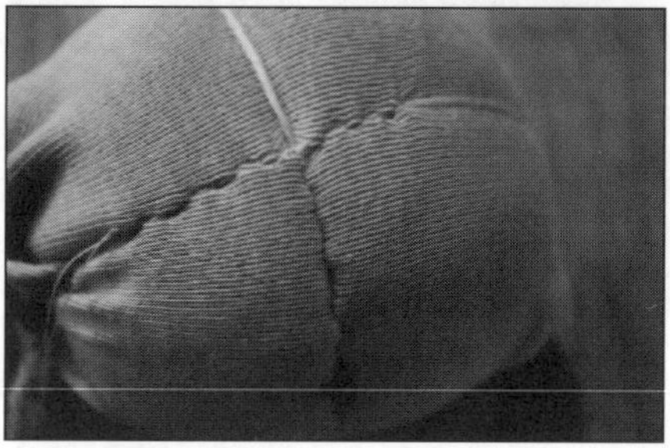

Foto 16

Appiattire il pezzo di stoffa che sporge in cima alla testa e cucirlo. Nascondere tutti i fili a piccoli punti invisibili come sopra.

Ricoprire la testa con il tessuto. Tenderlo bene, tagliare quello in eccesso, appiattirlo. Spillare, poi cucire grossolanamente (le cuciture verranno poi nascoste dai capelli) (Foto 17-19).

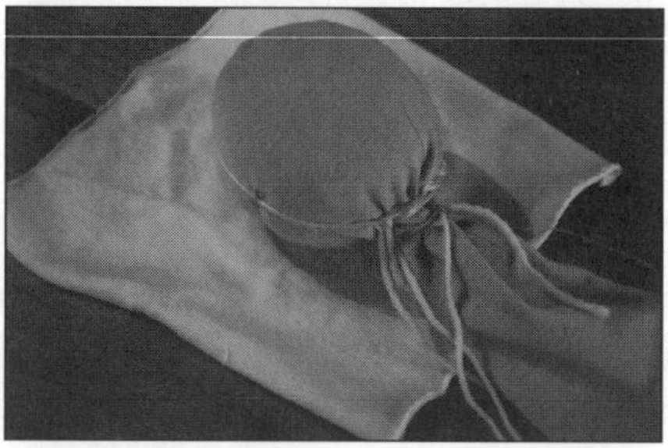

Foto 17

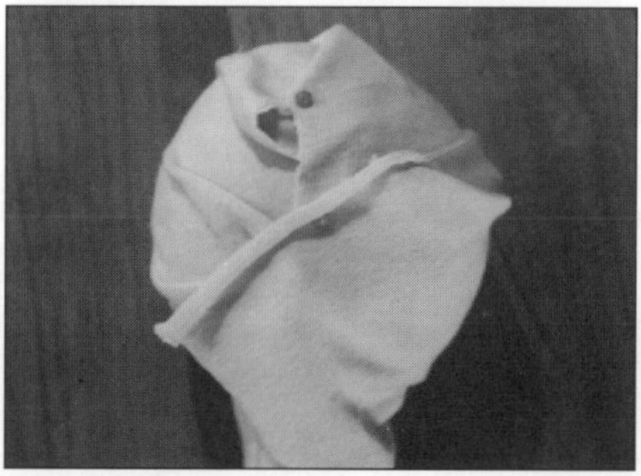

Foto 18

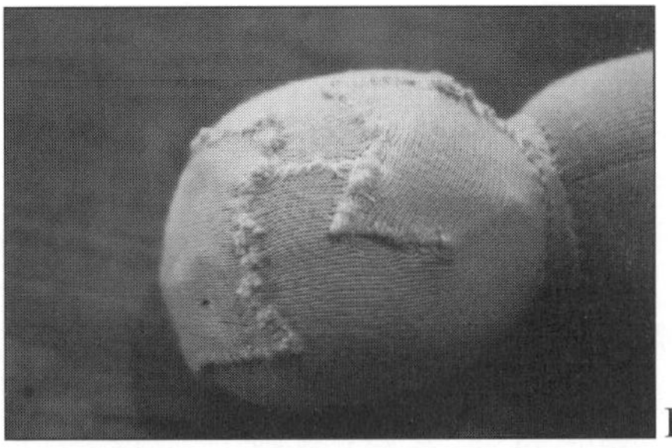

Foto 19

Passare di nuovo i cordoncini intorno al collo, nascondere i fili con piccoli punti regolari (sempre gli stessi: un punto appena sopra, un punto appena sotto il filo, orizzontalmente) (Foto 20).

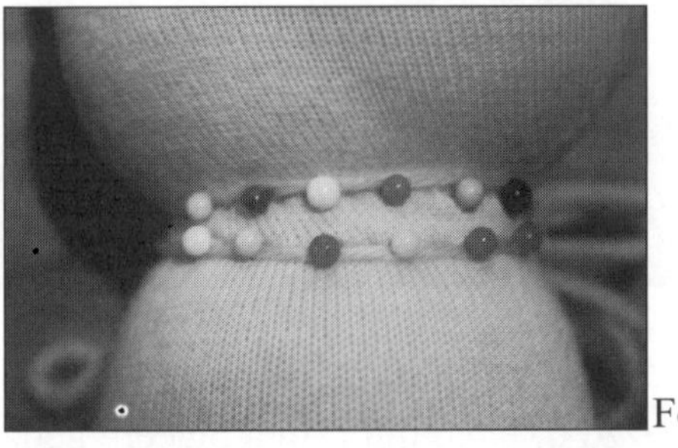

Foto 20

Tagliare il tessuto in eccesso lasciando un bordo di ½ cm, ripiegarlo verso l'interno e cucire a piccoli punti invisibili alla base del collo.

Con gli spilli, abbozzare l'attaccatura dei capelli (Foto 21).

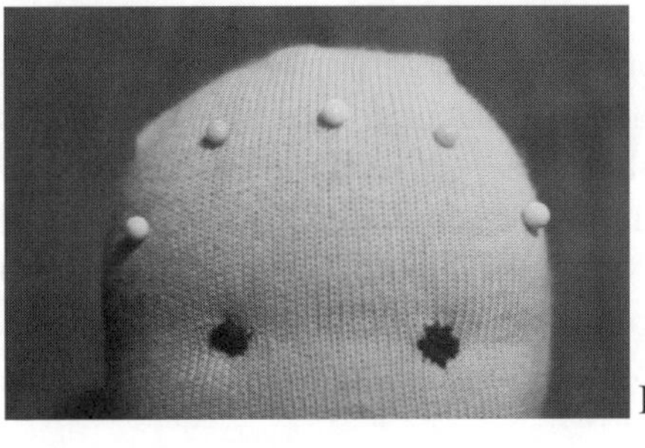

Foto 21

Con la lana, cominciare ad abbozzare il centro dell'attaccatura (in cima alla testa) e la direzione dei capelli, con grandi punti che vanno dal centro della testa a ogni spillo dell'attaccatura (Foto 22).

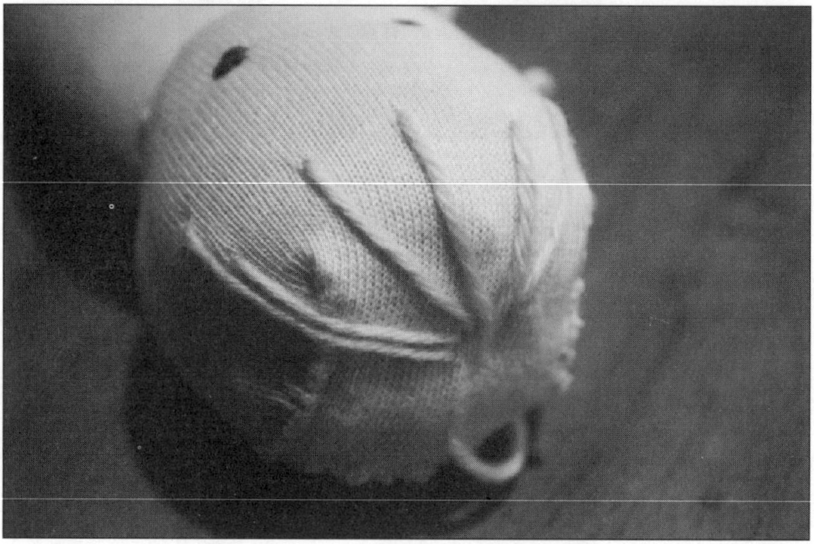

Foto 22

Prendere un pezzo di lana, infilarlo a piacere nella testa, lasciando fuoriuscire una porzione di filo uguale alla lunghezza di capelli desiderata. Passare attraverso la testa e uscire più in là. Fare un punto d'arresto, poi un secondo. In seguito, lasciar fuoriuscire l'altro capo del filo. Con ogni filo farete due capelli e due punti d'arresto. Coprire in questo modo la totalità della testa in modo regolare; ci vorrà molta pazienza, questa è la parte più lunga (Foto 23-29).

Imbottire le braccia e le gambe. Aprire i bordi delle cuciture (Foto 30). Spingere bene la lana in fondo alla mano/al piede, poi infilare la lana spingendo al centro, per evitare la formazione di "cellulite". Spillare e cucire. Cucire, passando da una parte all'altra della mano, per delimitare il pollice. Individuare il punto di attaccatura delle braccia e far passare un filo solido da una parte all'altra, tracciando due grossi punti (come riferimento) nel punto stabilito per l'attaccatura.

Foto 23

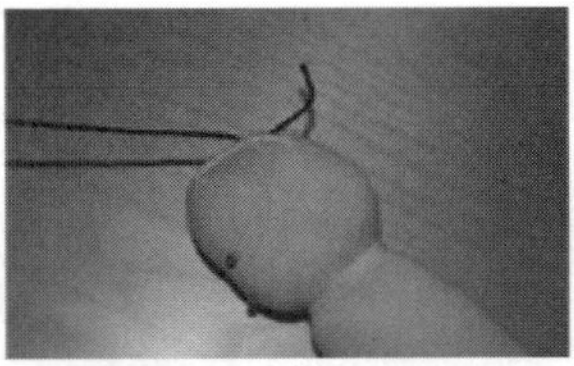
Foto 24

Foto 25

Foto 26

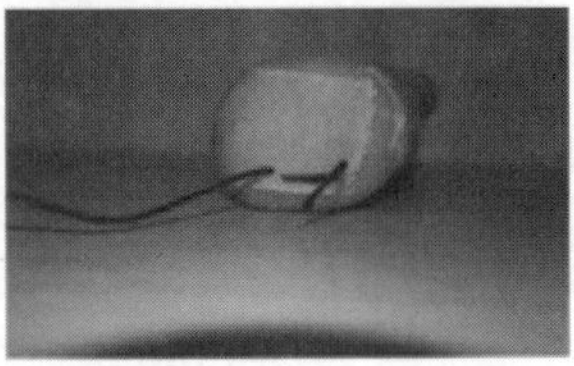
Foto 27

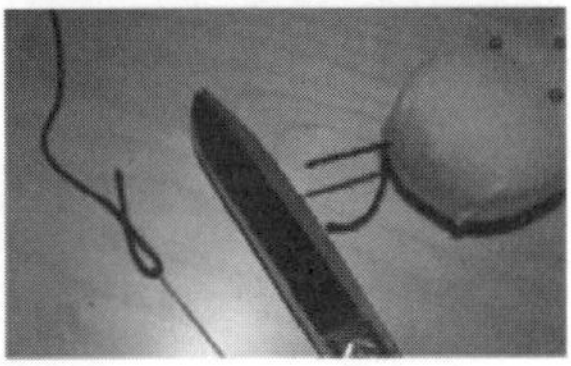
Foto 28

Foto 29

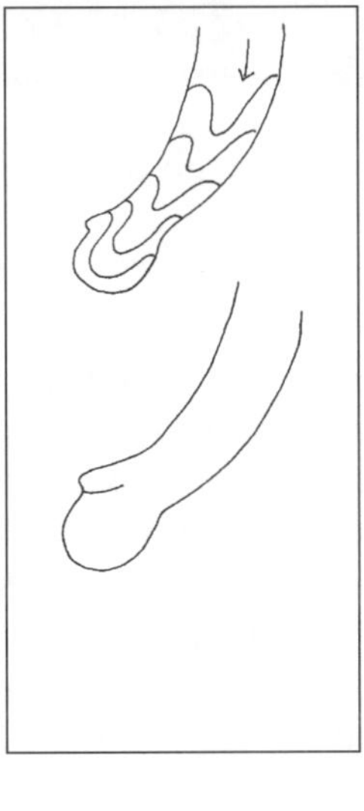
Foto 30

Cucire le braccia grossolanamente, poi fare due volte il giro a piccoli punti invisibili (Foto 31-32).

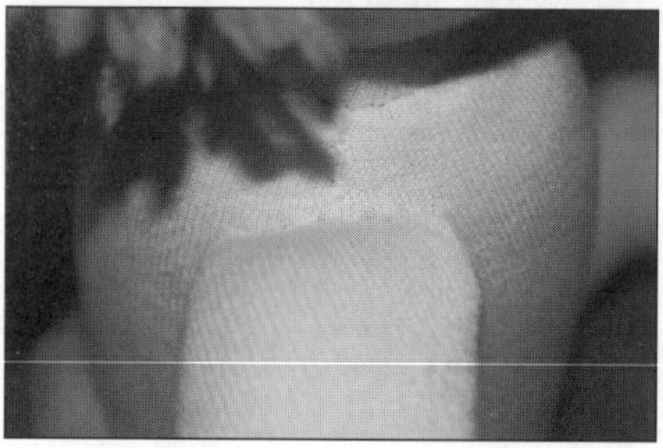

Foto 31

Foto 32

Tracciare due punti per definire la posizione dell'attaccatura delle gambe, un po' più in avanti rispetto alla cucitura (Foto 33).

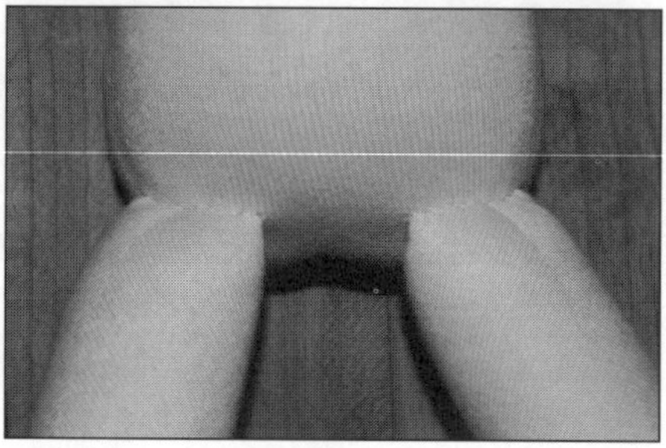

Foto 33

Con il filo da ricamo, ricamare gli occhi e la bocca.

Occhi

Infilare il cotone mouliné (3 fili). Fare un nodo al fondo. Infilare l'ago nel tessuto prendendo anche la lana sottostante. Tirare leggermente perché il nodo resti all'interno. Tracciare un rombo, poi delle linee (che possono sorpassare o meno il rombo) fino a coprire tutta la superficie dell'occhio. Una volta finito il primo, far passare l'ago sotto il tessuto e ricamare, allo stesso modo, il secondo occhio. Una volta finito anche il secondo, fare un nodino e infilarlo nel tessuto, come all'inizio. Tagliare il filo che fuoriesce, tirando leggermente, in modo che il filo tagliato rientri poi nel tessuto (Foto 34).

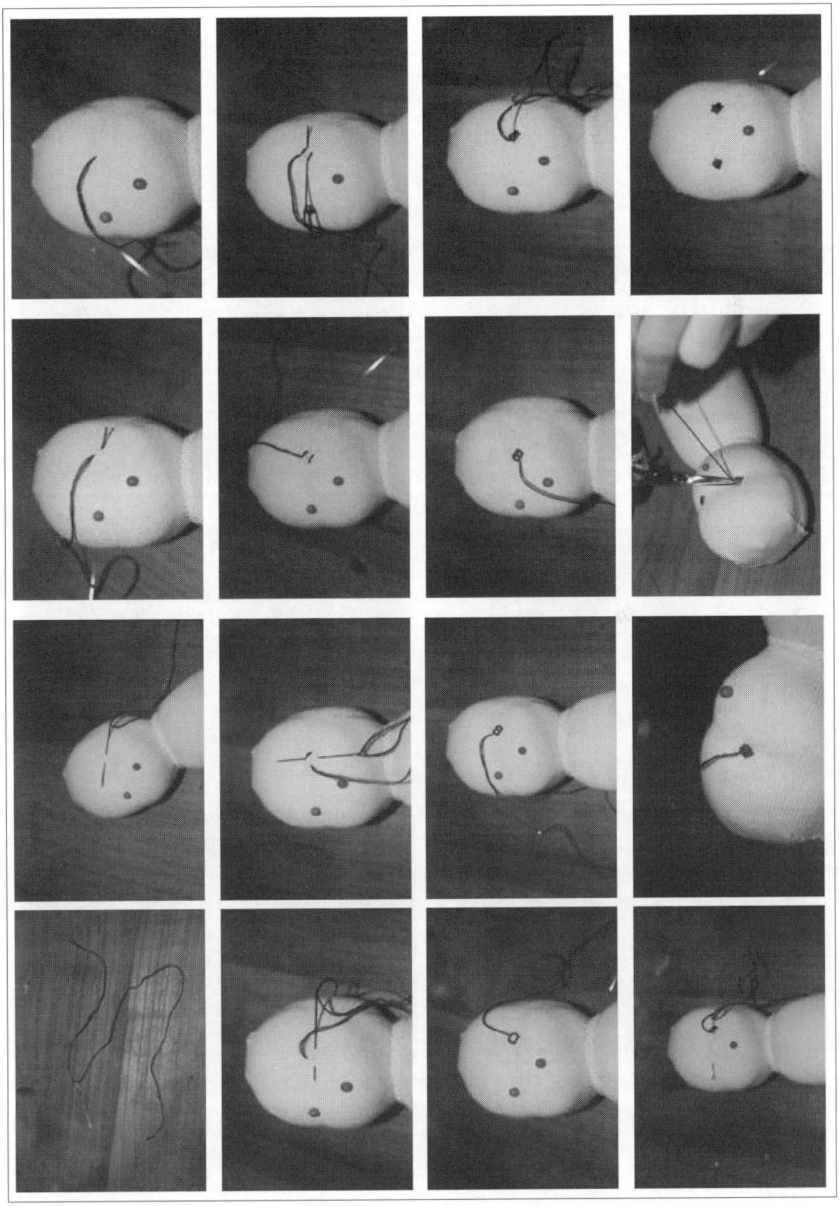

Foto 34

Bocca

Procedere come per gli occhi, tracciando tre o più linee parallele (Foto 35-36).

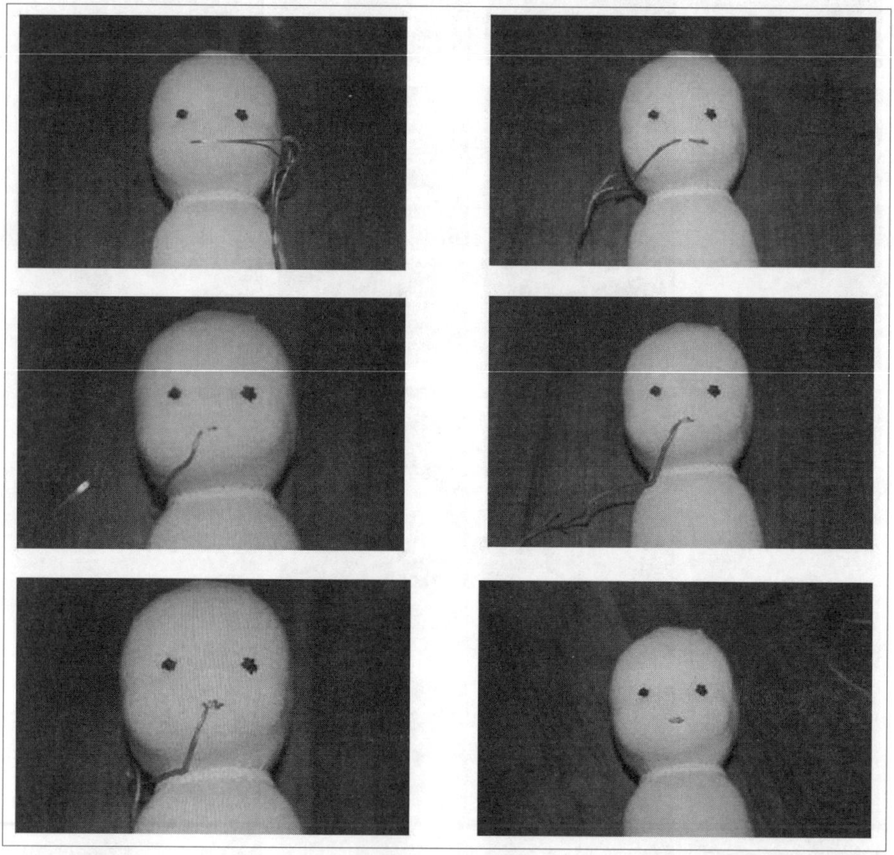

Foto 35

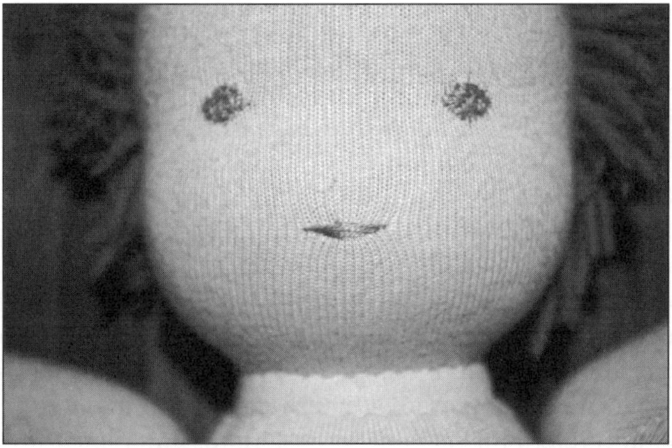

Foto 36

Pantaloni

Occorrente:
- tessuto di cotone
- elastico alto mezzo centimetro
- filo
- spilla da balia

Disporre il modello sul tessuto piegato in due. Tracciarne il contorno e tagliare, lasciando 2 cm di margine per il girovita e per l'orlo. Assemblare le due parti. Ripiegare il tessuto in eccedenza su se stesso (verso l'interno) per due volte all'altezza della vita e cucire a 1 cm dal bordo, lasciando una piccola apertura per poter far passare circa 30 cm di elastico (verificare il girovita della bambola), con l'aiuto di una spilla da balia. In base alle proprie preferenze, effettuare la stessa operazione per l'orlo (la lunghezza dell'elastico sarà di 12 cm circa). Altrimenti, cucire l'orlo diritto. Ho indicato due diverse lunghezze per i pantaloni, da scegliere secondo le proprie preferenze.

Pannolino

Occorrente:
- tessuto di cotone
- ovatta per imbottire
- velcro
- filo

Disporre il modello sul tessuto piegato in due. Tracciarne il contorno e tagliare due volte a mezzo centimetro dal bordo. Fare lo stesso con l'ovatta. Disporre i due pezzi di cotone diritto contro diritto. Inserire tra i due l'ovatta. Cucire tutto intorno, a mezzo centimetro dal bordo. Lasciare un lato aperto (preferibilmente quello posteriore, il più lungo) per rovesciare il pannolino. Ripiegare mezzo centimetro di bordo verso l'interno e cucire. Applicare il velcro come indicato sul modello.

Maglia

Filato: Merinos otto (Baruffa) o filato dalla resa corrispondente - Ferri 4,5/5,5 - Campione: 15 maglie x 22 giri.

Davanti: Con i ferri 4,5, montare 30 maglie. Lavorare a costa (2 punti diritti, 2 rovesci) per 5 giri. Continuare con i ferri 5,5 a maglia rasata per 25 giri. Al ferro successivo, lavorare 5 maglie e mettere le restanti in sospeso. Continuare le prime 5 maglie per altri 9 giri, poi chiudere. Riprendere le ultime 5 maglie, lavorarle per 10 giri e chiudere. Le 20 maglie centrali restano in sospeso. Raccogliere tutti i punti intorno alla scollatura (compresi quelli lasciati in sospeso) e lavorarli a costa (2 punti diritti, 2 rovesci) per 5 giri, poi chiudere.

Dietro: Con i ferri 4,5, montare 30 maglie. Lavorare a costa (2 punti diritti, 2 rovesci) per 5 giri. Continuare con i ferri 5,5 a maglia rasata per 30 giri. Al ferro successivo, lavorare 5 maglie e mettere le restanti in sospeso. Continuare le prime 5 maglie per altri 5 giri, poi chiudere. Riprendere le ultime 5 maglie, lavorarle per 5 giri e chiudere. Le 20 maglie centrali restano in sospeso. Raccogliere tutti i punti intorno alla scollatura (compresi quelli lasciati in sospeso) e lavorarli a costa (2 punti diritti, 2 rovesci) per 5 giri, poi chiudere.

Maniche: Con i ferri 4,5 montare 26 maglie. Lavorare i primi 5 giri a costa (2 punti diritti, 2 rovesci). Con i ferri 5,5, continuare a maglia rasata per 22 giri. Aumentare una maglia per parte (la seconda e la penultima) ogni 5 giri. Chiudere.

Assemblare tutte le parti della maglia.

Il tappeto da gioco

Occorrente:

- quadrati di tessuti diversi
- un rettangolo di stoffa delle dimensioni desiderate
- imbottitura per quilt
- forbici, ago e filo o macchina da cucire

Scegliete tanti quadrati di stoffe dai colori e dalle consistenze diverse. Cuciteli insieme uno ad uno, diritto contro diritto, fino a ottenere le dimensioni desiderate. Disponete i tre strati come segue:

- Quadrati cuciti insieme (lato esterno rivolto verso l'interno)
- Imbottitura
- Rettangolo di tessuto (lato esterno rivolto verso l'interno)

Cucite tutto intorno, a un centimetro dal bordo, lasciando un'apertura abbastanza grande da poter rovesciare il lavoro. Rovesciate e cucite la parte rimasta aperta (a mano, con punto invisibile oppure a macchina, ripiegando il tessuto in eccesso verso l'esterno. Fissate con qualche punto l'angolo di ogni quadrato, in modo che l'insieme non si deformi.

Il vostro tappeto da gioco è pronto. Una superficie morbida e varia, stimolante e interessante, sulla quale potrete adagiare il vostro bambino nei momenti di calma. Sistematelo a terra, magari vicino ad uno specchio, e lasciate che esplori i colori e le consistenze diverse, stimolando la vista e il tatto.

Variante: il Bai Jia Bei (pag. 159).

La giostrina colorata

Occorrente:
- quadrati di stoffa colorata
- filo
- telaio da ricamo o altro oggetto dalla forma circolare
- lana cardata o altro materiale per imbottire

Con le mani plasmate una pallina di lana cardata del diametro di 1,5 cm circa. Appoggiate la pallina al centro del pezzetto di stoffa, raccogliete la stoffa intorno alla pallina e, con un pezzo di filo, annodate intorno a quello che diventerà il collo dei vostri pupazzetti. Prendete un filo abbastanza lungo da poter essere utilizzato in seguito per appendere i vostri pupazzetti.

Legate ciascuno di essi al vostro telaio ad una distanza regolare l'uno dall'altro. Appendete la giostrina al di sopra del letto o del tappeto da gioco del vostro bambino, abbastanza distante, affinché non possa afferrarlo.

I colori attireranno l'attenzione del vostro bambino e l'oscillazione prodotta dal semplice spostamento d'aria presente in una casa che vive lo divertirà senza bisogno di complicati meccanismi (Fig. 3).

Fig. 3

Il cubo sensoriale

Occorrente:

- Sei quadrati di stoffa dalle consistenze diverse (es. cotone, lana, seta, canapa, spugna, velluto…) delle dimensioni di 10-12 cm ciascuno
- Lana cardata o altro materiale per imbottire
- Ago e filo (o macchina da cucire)
- A piacere: qualche nastrino colorato

Scegliete possibilmente tessuti dai colori tenui o comunque non in contrasto tra loro. In questo modo concentrerete la stimolazione sul senso del tatto e non su quello della vista.

Cucite tra loro i sei lati, diritto contro diritto[3], a un centimetro dal bordo. Lasciate l'ultimo lato aperto per imbottire. Imbottite con la lana cardata e cucite a mano il lato rimasto aperto.

Volendo potrete aggiungere qualche nastrino colorato ripiegato su se stesso per dare un po' di colore e fornire nuovi spunti interessanti al vostro bambino. In questo caso, inserite il nastrino nella fase di assemblaggio, facendo attenzione a cucirlo saldamente per evitare il rischio di soffocamento. Se non vi sentite sicure, saltate questa parte (Fig. 4).

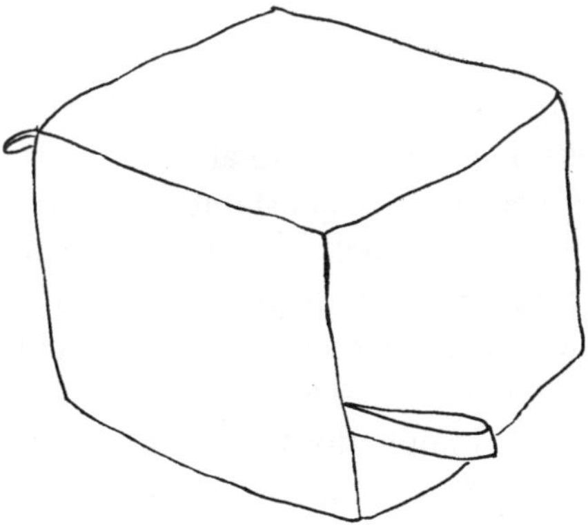

Fig. 4

3 Il diritto del lavoro è quello che, a lavoro ultimato, verrà rivolto verso l'esterno. Per nascondere le cuciture, dovrete cucirlo al rovescio e poi girarlo alla fine.

Il cesto dei tesori

Come abbiamo già detto, il bambino piccolo non ha bisogno di giocattoli complessi e costosi né di stimoli eccessivi. Nel volto della mamma, del papà, dei fratelli e sorelle così come nella propria casa o nelle strade del suo quartiere troverà tutti gli stimoli di cui ha bisogno nei primi mesi di vita. Rendetelo partecipe della vostra vita di tutti i giorni e coinvolgetelo nelle attività che svolgete quotidianamente.

Quando inizia ad afferrare e a manipolare gli oggetti, può essere utile fornirgli dei materiali adatti a esercitare le sue nuove abilità. Oggetti adatti a questo scopo sono già presenti nelle vostre case: cucchiai di legno, ritagli di stoffa, chiavi e altri oggetti di uso quotidiano. Altri sono reperibili in natura: pigne, sassi, pezzi di corteccia, conchiglie, eccetera. Ciascun oggetto dovrà essere abbastanza piccolo perché il bambino possa manipolarlo, ma abbastanza grande per evitare che lo ingoi.

Mettete il tutto in un bel cestino (andrà bene anche una scatola di latta o un sacchetto di stoffa) e sostituite uno o più oggetti di tanto in tanto. Il vostro bambino esplorerà con piacere questa attività per lungo tempo.

Gioco sensoriale: riconoscere gli oggetti

Proponete al vostro bambino un sacchetto di stoffa con cordicella contenente alcuni oggetti da esplorare solo attraverso il tatto. Il contenuto del cesto dei tesori sarà perfetto per questa attività. Verso i due anni potrete chiedergli di pescare questo o quell'oggetto dal sacchetto.

(Dai tre anni in poi potrete aggiungere un'ulteriore sfida. Preparate due sacchetti dal contenuto identico e, seduti l'uno di fronte all'altro, tirate fuori un oggetto alla volta, nominatelo e chiedete al vostro bambino di pescare, nel suo sacchetto, lo stesso oggetto. Una volta pescati tutti gli oggetti, invertite i ruoli e lasciate che sia lui a pescare per primo).

IL LIBRO ARCOBALENO

Occorrente:

- 6 rettangoli di stoffa di colori differenti (Altezza: 10-12 cm; larghezza, rispettivamente: 12, 13, 14, 15, 16, 17 cm)

Sul lato sinistro, cucite tutti i rettangoli uno sull'altro in ordine crescente. Ricoprite la cucitura con un altro pezzo di feltro che andrete a cucire in verticale, come nell'illustrazione.

Il vostro libro arcobaleno è pronto. Il vostro bambino si divertirà a sfogliarlo fin dai primi mesi e, più tardi, potrà imparare i nomi dei colori. (Fig. 5 e 6).

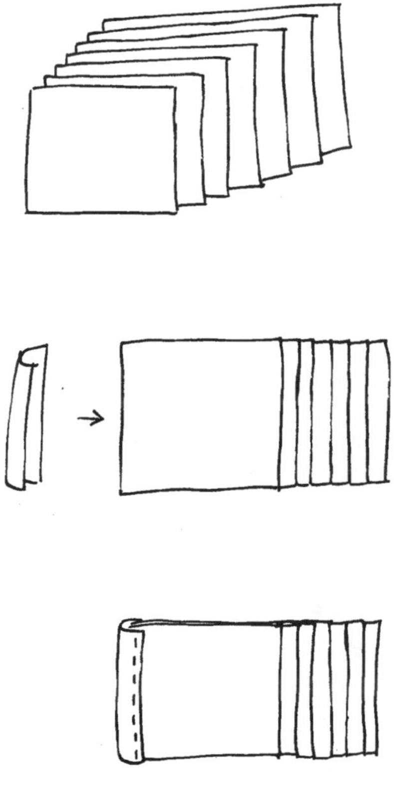

Fig. 5

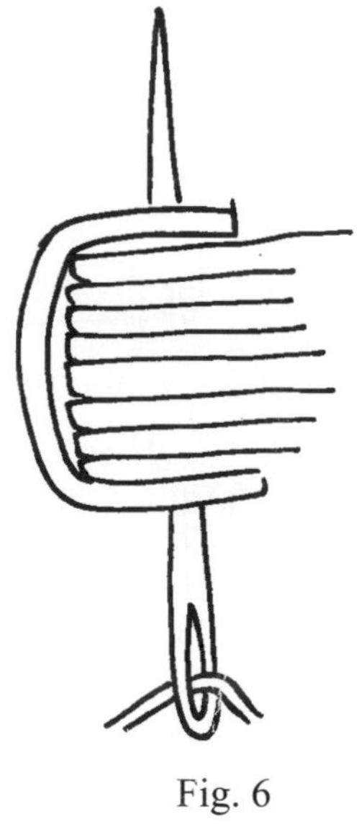

Fig. 6

IL DOUDOU-ETICHETTE

Lo avete mai notato? Spesso i bambini adorano le etichette dei loro pupazzi. Se ne sono accorti anche i produttori di giocattoli che hanno subito cavalcato l'onda creando morbidi *doudou* pieni di etichette. Semplicissimi da realizzare anche con materiali che avete già in casa, senza spendere un centesimo.

Occorrente:

- Due quadrati di stoffa
- Nastri vari, possibilmente diversi tra loro per dimensioni e consistenza
- Ago e filo (o macchina da cucire)
- Spilli

Scegliete due tessuti diversi tra loro (ad esempio lino e velluto, seta e spugna, lana e cotone...). Disponete i vostri quadrati diritto contro diritto. Con degli spilli, fissate tra i due i vostri pezzetti di nastro. Cucite sui quattro lati a mezzo centimetro dal bordo, lasciando un'apertura per poter rovesciare il lavoro. Chiudete con una cucitura invisibile. Se lo desiderate, potrete effettuare delle ulteriori cuciture decorative sulla superficie del vostro quadrato (Fig. 7).

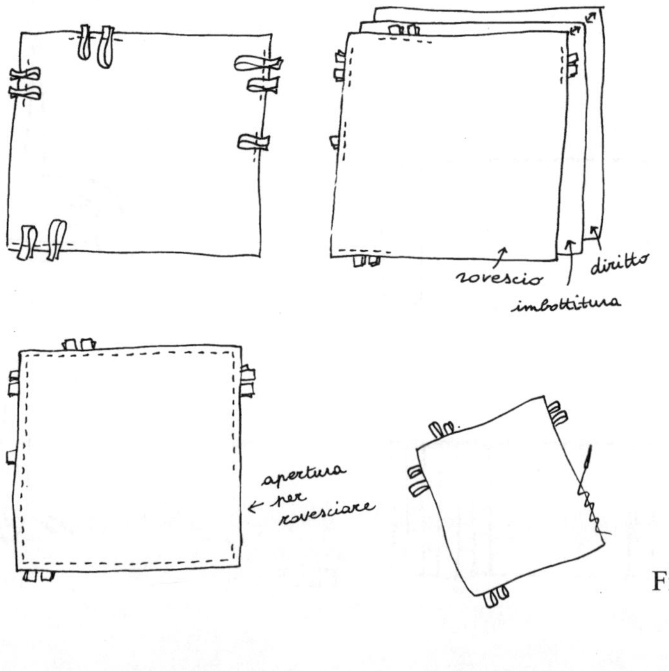

Fig. 7

L'album di famiglia

Per portarsi a nanna tutta la famiglia, per imparare i nomi di zii e cugini lontani, per abbracciare la mamma anche quando è al lavoro. L'album di famiglia, perfetto fin dai primi mesi, accompagnerà il vostro bambino nel corso della sua crescita e potrà essere custodito come un caro ricordo d'infanzia.

Occorrente:

- Fogli di tessuto per stampante[4] (o fogli per transfert su tessuto)
- Stampante
- Fotografie dei membri della famiglia
- Tessuto a colori per la copertina
- Ago e filo o macchina da cucire

Stampate una fotografia di ciascun membro della famiglia e scegliete l'ordine nel quale desiderate disporre le immagini.

Ritagliate le vostre "pagine" e disponetele due a due, diritto contro diritto (le fotografie si troveranno quindi all'interno). Cucite su tre lati, lasciando aperto quello che verrà rilegato. Volendo potrete aggiungere uno strato di imbottitura per quilt, che cucirete insieme agli altri due prima di rovesciare il tutto. Dopo aver cucito e rovesciato tutte le vostre pagine, rilegatele seguendo le istruzioni indicate a pag. 95 (Fig. 8). Se non avete a disposizione questo genere di materiale, potrete rivolgervi ai numerosi servizi (online e non) che stampano su diversi supporti, tra cui anche il tessuto).

Fig. 8

4 Reperibili online (vedi sezione "Link utili").

Gli scaldotti

Gli scaldotti sono cuscinetti riempiti di noccioli di ciliegia (o fagioli secchi, o riso tostato, eccetera) che possono essere utilizzati in sostituzione della classica borsa dell'acqua calda. Perfette anche come oggetto transizionale per i bambini, o da portare a letto per scaldarsi o per alleviare il mal di pancia (molto utili anche per i neonati che soffrono di coliche).

Occorrente:

- Uno o due quadrati di tessuto, preferibilmente cotone
- Fiori secchi di lavanda e/o camomilla
- Miglio, o riso (tostato), fagioli secchi o noccioli di ciliegia, oli essenziali di lavanda e/o camomilla

Cucire un "sacchettino" di cotone su tre lati. Ripiegare verso l'interno un bordo di mezzo cm sul lato aperto. Stirare. Riempire con il riso (o il miglio, ecc.), i fiori secchi e qualche goccia di olio essenziale. Chiudere il lato rimasto aperto con una cucitura invisibile.

Scaldare nel microonde, sulla stufa o sul termosifone.

Potrete anche tenerne una in frigorifero da utilizzare come borsa del ghiaccio in caso di bisogno (Fig. 9).

Fig. 9

Gioco sensoriale: riconoscere gli odori

Preparate tante piccoli scaldotti (almeno 6) identici (dimensioni consigliate: 4 x 8 cm) e profumateli con fiori di lavanda, di camomilla, chicchi di caffè, bastoncini di liquirizia spezzettati, foglie di menta, rosmarino o altre piante aromatiche. In alternativa potrete utilizzare degli oli essenziali.

Create due esemplari per ogni profumo e presentateli ai vostri bambini uno alla volta. Mostrate come li annusate e invitateli a fare altrettanto. In un secondo momento potrete annusare i diversi sacchettini e nominare la pianta (o la spezia, o quant'altro) che conferisce loro il profumo. In ultimo chiedete al bambino di accoppiare quelle che hanno lo stesso odore.

Le bolle di sapone

Cosa c'è di più semplice e magico delle bolle di sapone? Da sempre questo gioco affascina i bambini, e non solo. Realizzarle in casa è molto semplice: mescolate tre parti di acqua, una di detersivo per piatti e due di glicerina. Immergete una cannuccia nella soluzione così ottenuta, soffiate e… ammirate!

La pasta da modellare

Occorrente:

- 2 tazze di farina
- 1 tazza di sale fino
- 1/2 tazza di Maizena
- 2 cucchiai di olio
- 2 cucchiai di cremor tartaro (in farmacia)
- 2 tazze d'acqua
- coloranti alimentari[5] (oppure cacao, zafferano e altre spezie colorate che avete in cucina)

Mescolare gli ingredienti nell'ordine descritto sopra, tenendo da parte i coloranti, e scaldare in un pentolino a fuoco medio per 3-4 minuti.

Dividere l'impasto in parti corrispondenti al numero di colori che avete a disposizione, poi aggiungere i coloranti. La quantità varierà in base all'intensità di colore che desiderate ottenere.

Questa pasta per modellare è molto morbida, non ha odore e si conserva in frigorifero in un barattolo o in una scatola per circa 6 mesi.

Variante: per una pasta da modellare leggerissima, con un effetto "sabbia bagnata", mescolate otto parti di farina con una parte di olio per neonati. Sarà un'esperienza sensoriale davvero originale.

Per i piccoli artisti: per i più grandicelli potrete sperimentare un mix di segatura fine e di colla vinilica. Otterrete una pasta che, una volta indurita, avrà un effetto "legno" molto particolare. Le creazioni così realizzate possono poi essere levigate con carta vetrata.

Questa pasta potrà essere colorata durante la preparazione (basterà aggiungere i colori all'impasto) o a opera terminata, dipingendo la vostra creazione una volta asciutta.

5 Attenzione: i coloranti alimentari macchiano le dita e resistono sulla pelle per qualche giorno..

La trottola

Un gioco classico, semplicissimo da realizzare, che appassiona da sempre grandi e piccini.

Occorrente:

- un disco di cartone
- un pezzetto di matita o una bacchetta di legno

Ritagliate il vostro disco di cartone e incidete una "x" al centro, attraverso la quale farete passare la matita o la bacchetta di legno precedentemente temperata.

Varianti: dividendola in spicchi e colorandoli in bianco e nero scoprirete che i due, fondendosi nel moto circolare della trottola, creano l'impressione del colore.

Creando una trottola variopinta invece, i vari colori "scompariranno" e la vostra trottola, in azione, apparirà bianca (Fig. 10).

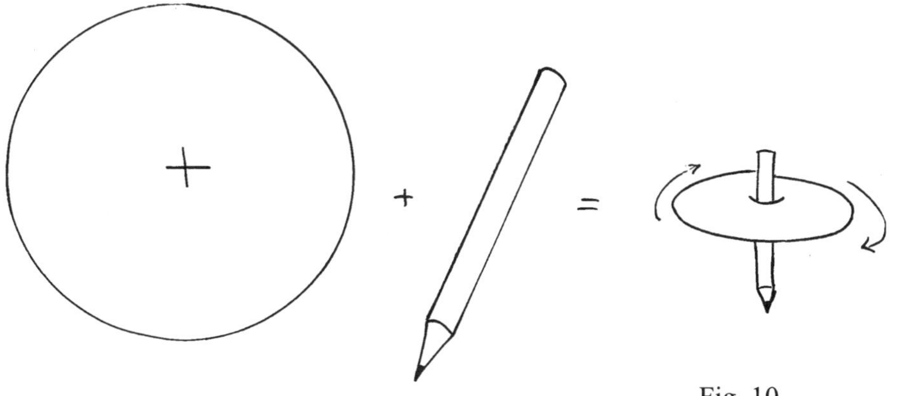

Fig. 10

I quadrati di tessuto

Occorrente:
- una scatola
- ritagli di tessuto di tipi diversi (due per ciascun tessuto: lino, cotone, lana, seta, pile, maglina, lycra...) e di uguali dimensioni (10x10 cm, ad esempio)

Per i più piccini, esplorare le diverse sensazioni tattili sarà un gran divertimento. Per i più grandicelli la sfida starà nel riconoscere i vari scampoli a occhi chiusi, servendosi unicamente del senso del tatto per poi accoppiarli (prevedete, in questo caso, due ritagli di ciascun tessuto).

Una volta terminato il gioco, approfittatene per insegnare al bambino il nome di ciascun tessuto. Nei primi tre anni di vita impareranno anche quelli più complessi con una grande facilità e sapranno associarli alla consistenza del tessuto corrispondente (Foto 37).

Foto 37

Il cubo delle allacciature

Occorrente:

- un cubo di gommapiuma[6] (30 x 30 cm)
- 6 quadrati di tessuto (32 x 32 cm) tinta unita dello stesso colore
- 6 quadrati di tessuto (32 x 32 cm) ricavati da vecchi abiti inutilizzati, con 6 diversi tipi di chiusure (bottoni, *poussoir*, bottoncini a pressione, ganci, lacci, fibbie, velcro…)

Tagliate i vostri vecchi abiti in modo da ottenere dei quadrati che abbiano al centro la chiusura. Le dimensioni, con il capo allacciato, dovranno essere identiche a quelle dei sei quadrati di stoffa. Se necessario, realizzate un orlo o rifinite con un bordo cucito a mano o a macchina.

Abbottonate, allacciate, chiudete il tutto e sovrapponete ciascun quadrato con chiusura a uno dei sei quadrati di tessuto precedentemente preparati. Imbastite o spillate su due lati. Poi cucite i quadrati tra loro, diritto contro diritto[7], facendo attenzione a non cucire i lati che devono rimanere liberi. Cucite cinque pannelli, poi solo un lato del sesto. Rovesciate, infilate il cubo di gommapiuma e cucite i tre lati rimasti aperti con il punto invisibile (pag. 80, nota 1) (Fig. 11).

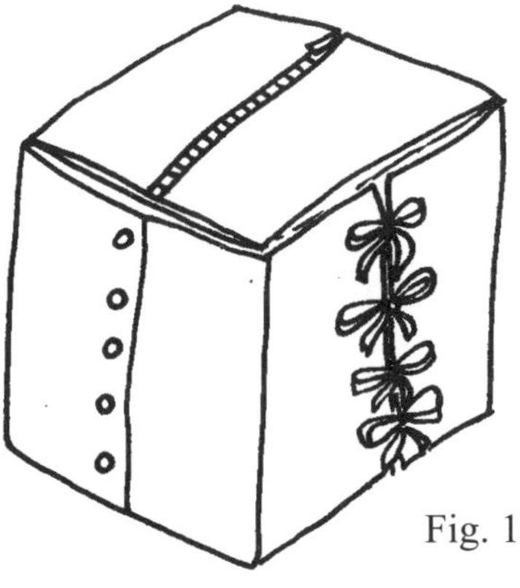

Fig. 11

6 La gommapiuma è facilmente reperibile online. In alternativa potete realizzare il cubo come descritto sopra, e imbottirlo al termine come avete fatto con il cubo sensoriale (pag. 93).

7 Il diritto del lavoro è quello che, a lavoro ultimato, verrà rivolto verso l'esterno. Per nascondere le cuciture, dovrete cucirlo al rovescio e poi girarlo alla fine.

I TELI DA GIOCO

Ancora una volta, la parola d'ordine è semplicità. Offrite ai vostri bambini qualche quadrato di tessuto colorato (foulard di seta tinta unita, ma anche scampoli di cotone dai colori vivaci) e state a guardare.

Mantelli, capanne, turbanti, travestimenti, abiti per le bambole, laghi e prati per piccoli personaggi, sono solo alcune delle cose in cui i vostri figli li trasformeranno. Riponeteli in un posto in cui siano accessibili e bene in vista (qualche gancio appeso al muro sarà perfetto) e vi stupirete nel vedere i mille usi che i bambini ne sapranno fare.

LA BORSA-FUROSHIKI

Utilissima per trasportare i propri giocattoli o per fare la spesa (per finta o per davvero) questa borsa potrà essere realizzata facilmente con un quadrato di stoffa. Ecco come (Fig. 12):

Fig. 12

Costruzioni di legno

Se ne avete l'occasione, procuratevi qualche pezzo di legno che potrete trasformare in un gioco creativo, economico ed ecologico. Basterà collezionare pezzi di legno di diverse forme e dimensioni, levigandoli per bene per evitare che ci siano fastidiose scaglie.

Conservateli in una scatola o in un sacchetto di stoffa e utilizzateli come costruzioni. Le forme diverse e irregolari stimolano il pensiero creativo e forniscono una sfida supplementare per mantenere equilibrio e stabilità.

Quando il telefono aveva i fili

Occorrente:
- due bicchieri di carta o di plastica
- forbici
- filo

Chi di noi non ha giocato al classico telefono con i bicchieri di carta? Ora che i nostri figli sanno usare il cellulare (a volte anche meglio di noi!), questo non significa che non apprezzerebbero questo gioco.

Praticate un foro al fondo di ciascun bicchiere di carta, fate passare il filo (sceglietene uno abbastanza spesso) attraverso il foro e praticate un nodo perché non fuoriesca.

Invitate i bambini ad allontanarsi l'uno dall'altro quanto il filo lo permette e a conversare parlando ed ascoltando nel bicchiere. Anche (e soprattutto!) nell'era della tecnologia, questo gioco riuscirà a sorprenderli!

Il telaio

Un'attività che favorisce la concentrazione e permette di esercitare la motricità fine è quella della tessitura. Si può iniziare con strisce di carta per poi creare un vero e proprio tessuto. Alla fine del libro troverete un carta-modello da fotocopiare e ritagliare per introdurre i più piccini alla tessitura. Iniziate con il passare le strisce di carta, preparate in precedenza, prima sopra, poi sotto ciascuna delle fasce del telaio. Quando il bambino avrà preso dimestichezza con questa tecnica, potrà sperimentare creando motivi diversi. (Foto 38).

Foto 38

Per realizzare un tessuto, invece vi occorrerà:

- una scatola da scarpe
- filo di diversi colori (sceglietene uno abbastanza spesso, almeno all'inizio)
- forbici
- ago da lana senza punta
- nastro adesivo

Con le forbici, praticare delle incisioni di mezzo centimetro circa lungo due bordi della vostra scatola. Il numero di incisioni e la distanza tra loro varierà in base alle dimensioni desiderate e allo spessore del filo che avrete scelto.

Fissate un'estremità del vostro filo sotto la scatola, con un pezzetto di nastro adesivo. Fate quindi passare il filo più volte intorno alla scatola, infilandolo nelle incisioni che avrete praticato precedentemente, perché rimanga fermo. Una volta raggiunte le dimensioni desiderate, fissate l'altra estremità del filo sotto la scatola, come la precedente. Avete così creato il vostro **ordito**.

Prendete ora un filato di colore diverso e tagliatene un pezzo abbastanza lungo. Fissatene un'estremità al vostro ago da lana, che servirà come navetta. Fate passare la navetta sopra, poi sotto, poi sopra i fili di ordito, e così via, lasciando qualche centimetro di filo all'inizio e alla fine. Arrivati al fondo, se il filo si trova sopra all'ordito, fatelo tornare indietro passando sotto, e viceversa. Ripetete l'operazione finché non avrete più filo, poi continuate allo stesso modo cambiando colore.

Una volta terminato il vostro lavoro, annodate tra loro i fili che fuoriescono da un lato e dall'altro, poi spuntateli in modo che siano tutti lunghi uguali. Fate lo stesso con i fili di ordito e avrete ottenuto un bel tappetino per le bambole. Scegliendo scatole più grandi potrete realizzare tovagliette e altri oggetti non solo per la casa delle bambole, ma anche per la vostra.

Variante: con lo stesso principio, utilizzando un disco di cartone (andrà bene anche un piatto di carta se ne avete in casa), potrete realizzare un originale lavoro circolare (Fig. 13). Anche per la versione circolare, troverete un cartamodello da fotocopiare alla fine del libro.

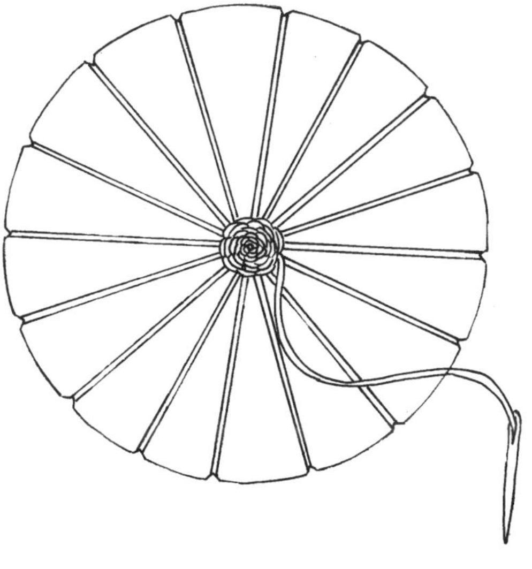

Fig. 13

Le pozioni magiche

Tutti i bambini amano versare, travasare, mischiare, mescolare. Quello del versare liquidi da un contenitore all'altro è inoltre un utile esercizio, proposto anche nelle Case dei Bambini montessoriane, per affinare le abilità manuali.

Conservate i flaconi dei prodotti per il bagno ormai finiti (bagnoschiuma, shampoo, sapone liquido ecc.), soprattutto se trasparenti.

Riempiteli di acqua alla quale aggiungerete quache goccia di colorante alimentare. Prevedete tre flaconi con i tre colori primari: rosso, giallo e blu.

Fornite ai vostri figli qualche contenitore (tazze, bicchieri, o altro recipiente, possibilmente di vetro per poterne osservare meglio il contenuto) nel quale possano mischiare il contenuto dei vari flaconi.

Questo gioco appassionerà i bambini di tutte le età, che inoltre potranno imparare come dai tre colori primari si possano ottenere quasi tutti gli altri.

Variante:

- aceto bianco
- bicarbonato
- colorante alimentare (facoltativo)

Riempite il bicchiere di aceto a metà (o anche di più, se volete una vera e propria "eruzione"). Sistematelo su un vassoio per limitare i danni e aggiungete una goccia di colorante[8] (volendo potete utilizzare più bicchieri con liquidi di colori differenti). Lasciate che siano i bambini ad aggiungere il tocco finale: un cucchiaino di bicarbonato. Vedrete il vostro liquido ribollire come la lava di un vulcano. Effetto sorpresa assicurato!

Variante: se cucinate il cavolo rosso, conservate l'acqua di cottura. Vi servirà per un interessante esperimento scientifico.

Versatela in un bicchiere e chiedete ai vostri bambini di spremerci dentro qualche goccia di limone. Il liquido blu-viola diventerà rosa, sotto gli occhi meravigliati dei più piccini. Aggiungendo un po' di bicarbonato, in-

8 Attenzione, i coloranti alimentari macchiano le dita!

vece, diventerà verde. Provate anche con una goccia di sapone o di detersivo per i piatti...

Pezzettini di carta intinti nella mistura di cavolo e poi asciugati sono rudimentali cartine di tornasole.

La spiegazione (per la quale ringrazio Lavinia, una lettrice del mio blog) è semplice: il cavolo è un indicatore di ph e cambia colore a seconda dell'acidità delle sostanze con le quali entra in contatto.

I caldomorbidi

La favola dei caldomorbidi è una favola molto speciale. Basata sui princìpi dell'analisi transazionale, è "una metafora del bisogno umano di contatto e riconoscimento". I caldomorbidi rappresentano l'amore, le coccole, che troppo spesso abbiamo paura di scambiarci. Solo i bambini hanno la capacità di dare amore senza secondi fini, senza calcoli, senza riserve.

Per incoraggiarli ed evitare che cadano nella trappola delle convenzioni e dei sorrisi di facciata (che, come i caldomorbidi contraffatti, non scaldano il cuore), Claude Steiner, psicologo e analista transazionale, ha scritto questa bella favola che ogni famiglia dovrebbe leggere regolarmente.

Se dopo aver letto la favola (disponibile sotto forma di libro illustrato ma anche consultabile gratuitamente sul sito web dell'autore – vedi sezione "Link utili") avrete, come noi, una gran voglia di creare i vostri personali caldomorbidi, vi spiego come abbiamo fatto i nostri.

Si tratta semplicemente di grandi e morbidi pompon che quasi tutte, da bambine, abbiamo imparato a fare. Oggi però vi svelerò il mio metodo, molto più semplice e rapido.

Innanzitutto, scegliete un filato il più possibile morbido e spesso.

Copiate o fotocopiate quattro volte il cartamodello che trovate a pagina 171 su fogli cartonati. Ritagliate (1) e piegate lungo le linee tratteggiate (2). Disponete due di questi mezzi dischetti l'uno sull'altro (2), in modo che le linguette dell'uno siano rivolte verso l'alto, quelle dell'altro verso il basso. Avvolgete il filato intorno al semicerchio (3).

Usando un semicerchio invece che un cerchio, eviterete di dover tagliare il filo ogni volta e potrete avvolgerlo direttamente dal gomitolo, risparmiando un bel po' di tempo.

Ricoprite il cartoncino con tre o quattro strati di filo, poi tagliate e ripetete l'operazione con l'altro dischetto. Unite le due parti facendo combaciare le linguette ripiegate. Pinzatele (4, 5), poi tagliate il filo tutto intorno al cerchio (6), come per i classici pompon. Passate un pezzo di filo tra i due dischetti, stringete e fate un doppio nodo il più stretto possibile (Fig. 14).

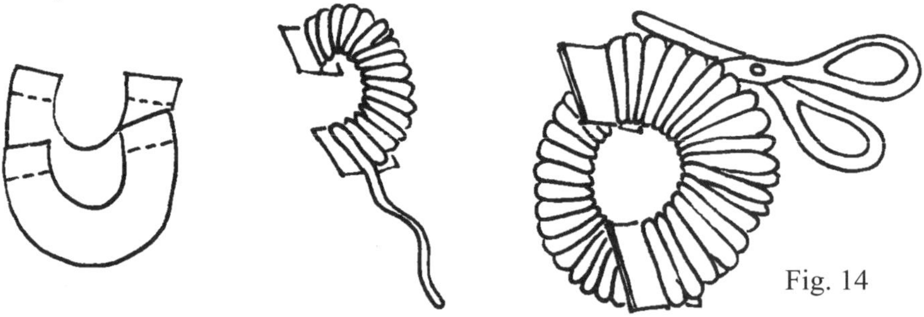

Fig. 14

Il vostro caldomorbido è pronto. Ora correte a cercare qualcuno da coccolare! (Foto 39).

Foto 39

Il cuore da coccolare

Ispirato a un'idea tratta dal libro *Handmade Home*[9]. Il *Family Heart* è una sorta di *doudou* familiare, che viene utilizzato di volta in volta, in situazioni particolari, da chi ha bisogno di una dose extra di coccole (papà in viaggio di lavoro, bimbo che va a dormire dai nonni, eccetera). Noi lo usiamo anche per fare la pace, per chiedere scusa, per riconfortare chi ne ha bisogno. E funziona! Basta stringerlo forte a sé, poi leggere il bigliettino che dice "sorridi!" e il capriccio è finito. Da provare! (Foto 40).

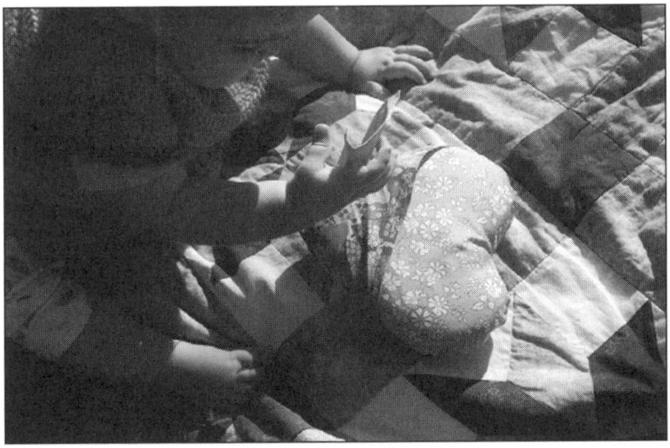

Foto 40

Occorrente:

- Due quadrati di stoffa (30 x 30 cm circa)
- Uno scampolo di tessuto per la tasca
- Lana cardata o altro materiale per imbottire
- Ago e filo o macchina da cucire

Tagliate due volte la forma di un cuore nei vostri quadrati di stoffa. Disponeteli uno sull'altro, diritto contro diritto, con in mezzo lo scampolo che andrà a creare la tasca (se si tratta di un tessuto che si sfila, ricordate di fare prima l'orlo). Cucite tutto intorno lasciando una piccola apertura per poter rovesciare e imbottire. Chiudete con una cucitura invisibile (Fig. 15).

9 Amanda Soule, *Handmade Home*, Shambhala Publications, 2009.

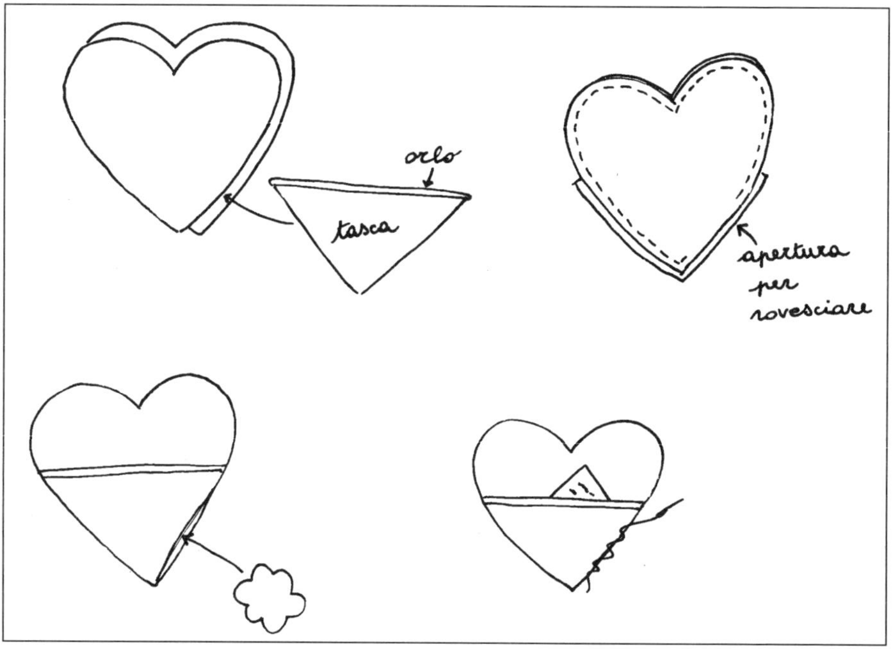

Fig. 15

Bamboline, animaletti e automobiline con rocchetti di filo

Occorrente:

- Per gli animaletti (Fig. 16):

- un rocchetto di filo (di quelli in legno, se li trovate)
- filato spesso o nastro colorato
- un pezzetto di feltro
- colla
- ago e filo

- Per le bamboline (Fig. 17):

- come sopra, più una pallina di legno per la testa

- Per le automobiline (Fig. 17.1):

- un rocchetto di filo
- una striscia di carta
- matite colorate
- nastro adesivo

Annodare o incollare un'estremità del filo al rocchetto. Arrotolare tutto intorno fino a raggiungere lo spessore desiderato e fissare nuovamente con un nodo o una goccia di colla.

Animaletti: Ritagliare nel feltro la forma della testa, sulla quale ricamerete (o disegnerete, se preferite) occhi, naso e bocca. Incollare su una delle estremità del rocchetto. Sull'altra incollerete un semplice cerchio di feltro, dotato di coda (sfruttate il filato già utilizzato per il corpo) se necessario.

Bamboline: incollate la pallina di legno, sulla quale avrete disegnato il volto e i capelli. Questi ultimi possono anche essere incollati, realizzandoli con pezzi di feltro o filo di lana.

Potrete creare una vera e propria famiglia, magari riproducendo la vostra. Sarà molto interessante osservare i bambini mentre giocano impersonando mamma e papà, o inscenando le relazioni tra fratelli.

Automobiline: Tagliate una striscia di carta alta quanto la parte interna del vostro rocchetto e larga abbastanza da coprirne la circonferenza. Disegnate la vostra automobilina ispirandovi a quella che vedete nell'illustrazione (fig. 17.1). Coloratele e arrotolate la striscia di carta intorno al vostro rocchetto, fissandola con il nastro adesivo. La vostra automobilina è pronta. Ora potete farla rotolare a tutta velocità o divertirvi a creare percorsi avventurosi insieme ai vostri bambini.

Fig. 16

Fig. 17

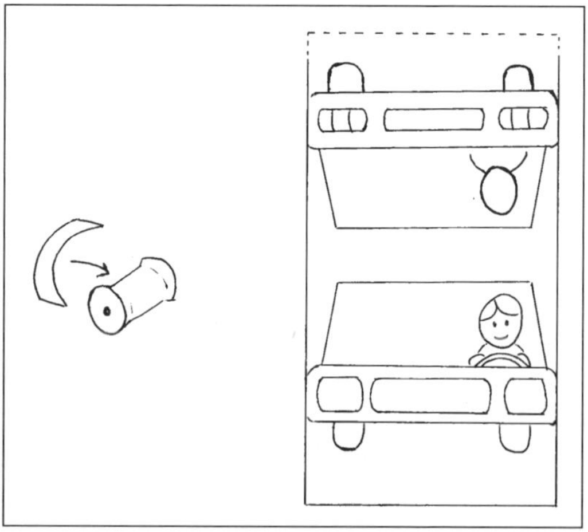

Fig. 17.1

Le carte da cucire

Occorrente:
- cartone o cartoncino
- ago da lana grosso senza punta
- filo di lana

Un'attività utile per sviluppare la concentrazione e la motricità fine. Disegnate su un cartoncino delle forme semplici (quadrato, cerchio, cuore, fiore...) e ritagliatele. Foratele con una perforatrice e mostrate ai vostri bambini come procedere. Legate l'estremità del filo alla carta, passando attraverso un foro, poi passate l'ago da una parte e dall'altra. Quando il bambino svolgerà questa attività senza difficoltà potrete sbizzarrirvi e utilizzare diversi tipi di punti. (Fig. 18)

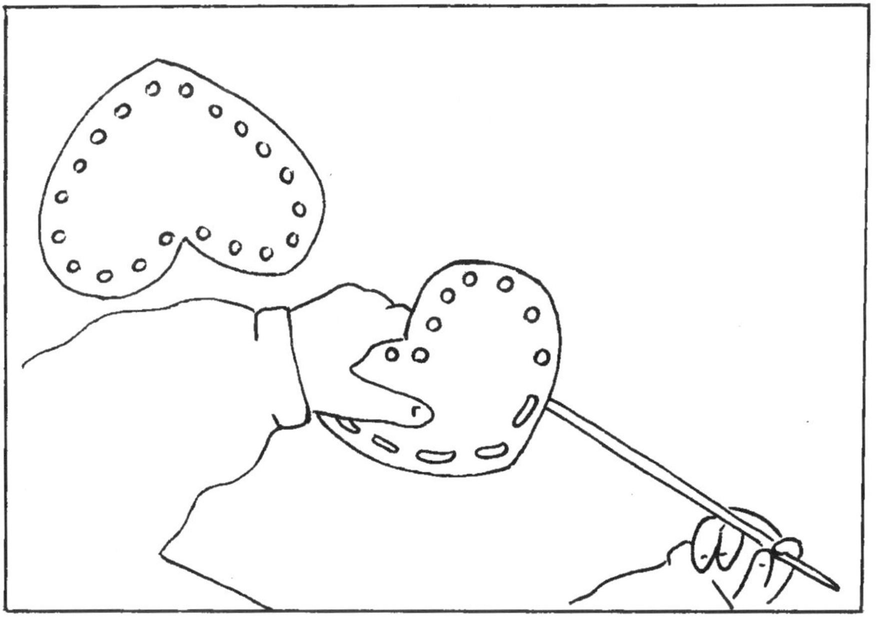

Fig. 18

L'albero genealogico

Ciascuno di noi è quello che è anche grazie alla sua storia familiare. Alcuni di noi provengono da famiglie stabili e solide, altri sono il risultato di un allegro collage di famiglia. Altri ancora hanno storie che preferiscono non raccontare. Ma per il bambino è indispensabile potersi situare in un contesto preciso e comprendere quali sono le sue radici.

Questo è ancora più importante se, come noi, vivete lontani dalle vostre famiglie d'origine e desiderate che i bambini mantengano un sano e forte legame con nonni, zii e parenti vari. Spesso, inoltre, i bambini rimangono a bocca aperta nello scoprire, ad esempio, che quella che chiamano "zia" è la sorella della mamma o che la nonna è la mamma del papà. Quando sono piccoli, vedono tutto in relazione a se stessi e faticano a comprendere che le persone hanno legami anche indipendenti da loro.

L'albero genealogico permetterà al bambino di situarsi nel contesto familiare e di comprendere le relazioni tra i singoli individui che compongono la sua famiglia. Disegnate il vostro albero genealogico (o fotocopiate quello che troverete al termine del libro) e compilatelo insieme ai vostri bambini. Sarà un modo divertente per passare un pomeriggio insieme coltivando e rafforzando i legami familiari (Fig. 19).

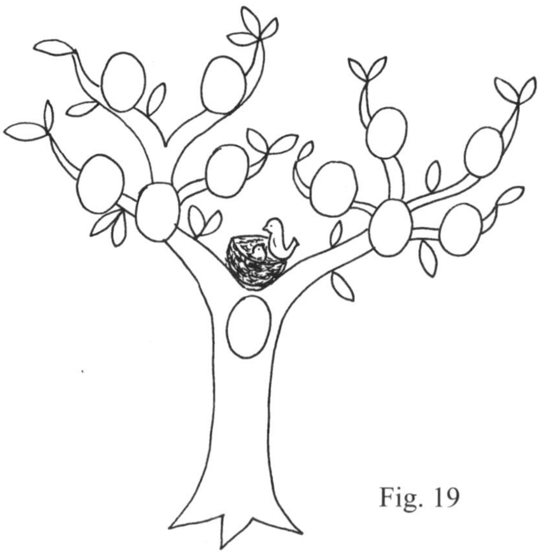

Fig. 19

La girandola

Occorrente:
- un foglio di cartoncino
- forbici e colla
- uno spillo o un chiodo sottile
- un bastoncino di legno

Tagliate un quadrato di cartoncino e piegatelo in due lungo la diagonale, prima in un senso, poi nell'altro. Otterrete così tre triangoli che potrete colorare con tinte diverse. Tagliate lungo i lati di ciascun triangolo, fermandovi a qualche centimetro dal centro. Piegate un angolo verso il centro e fissatelo con una puntina di colla. Lasciate quello successivo e piegate quello che viene ancora dopo, e così via. Per una maggiore tenuta, potrete completare fissando ulteriormente con un pezzetto di nastro adesivo o con un dischetto di cartoncino attaccato con della colla resistente.

Infilate lo spillo o il chiodo al centro della vostra girandola facendolo fuoriuscire dall'altro lato. Infilatelo quindi nel vostro bastoncino, lasciando qualche millimetro di "gioco" e ripiegando la parte eccedente verso il basso in modo che il bambino non corra il rischio di pungersi o graffiarsi.

La vostra girandola è pronta. Potrete sistemarla sul balcone e vederla girare a ogni soffio di vento (Fig. 19.1).

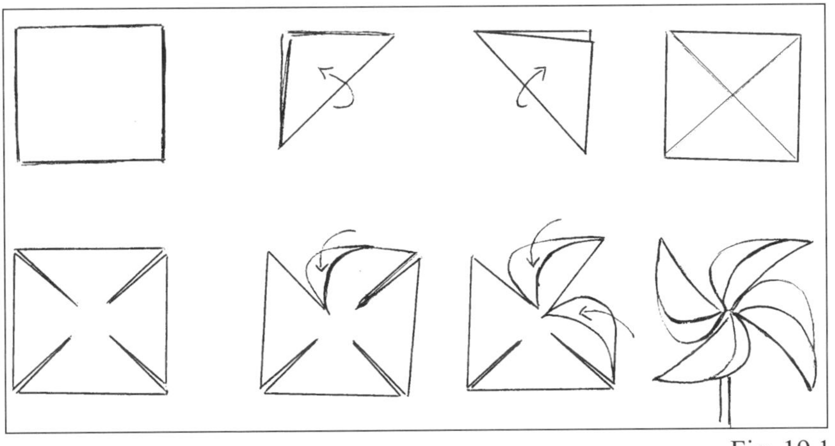

Fig. 19.1

Il mei tai per le bambole

Occorrente:
- due quadrati di tessuto delle dimensioni di un foglio A4
- quattro fasce di tessuto 2 x (1 m x 12 cm), 2 x (50 x 12 cm)
- ago e filo o macchina da cucire
- forbici
- centimetro

Se mamma e papà hanno l'abitudine di portare fratellini e sorelline, anche i bambini vorranno imitarli. Basterà una sciarpa o un telo da gioco per poter portare la bambola preferita. Ma se volete sorprenderli con un oggetto creato apposta per loro, potrete realizzare un mei tai.

Prendete i due rettangoli di tessuto e arrotondate i due angoli superiori. Cucite i due pannelli uno contro l'altro su tre lati, diritto contro diritto, a mezzo centimetro dal bordo. Rovesciate e piegate in dentro il lato rimasto aperto. Stirate e cucite.

Prendete ora le strisce di tessuto e piegatele in due, in modo che il diritto rimanga all'interno. Stirate e cucite lungo il lato lungo e uno dei due lati corti. Rovesciate, piegate verso l'interno e cucite il lato rimasto aperto.

Fissate infine le tre fasce come segue (Fig. 20):

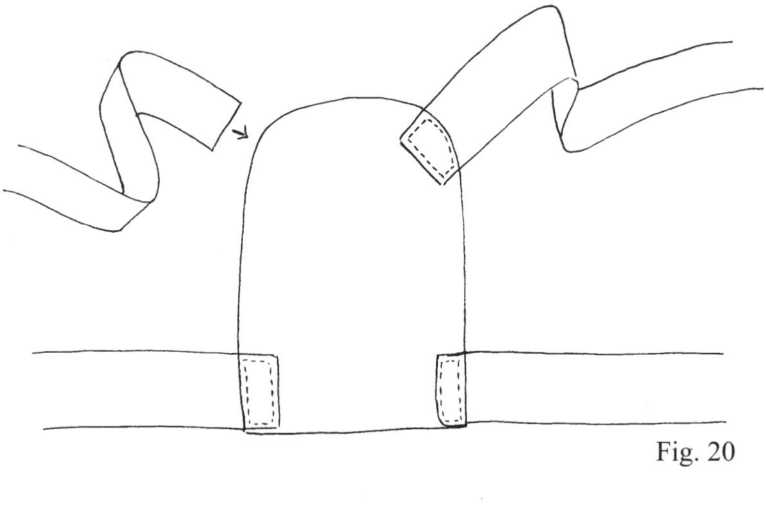

Fig. 20

Il vostro mei tai è pronto, basterà annodarlo in vita e incrociare le due fasce laterali sul petto, annodandole sotto il sederino del bambolotto (o al contrario per portare sul davanti) (Foto 41).

Variante: con una vecchia t-shirt potrete creare una fascia tubolare per le bambole. Tagliate la maglia appena sotto le maniche, parallelamente al bordo inferiore. Indossatela "a tracolla". Potrete coricare il vostro bambolotto nella fascia tubolare così ottenuta come in un'amaca, o sederlo sul fianco, a cavalcioni sull'anca della "mamma" o del "papà".

Foto 41

Timbri fai-da-te

Celebri sono le "rose nell'insalata" di Bruno Munari. Più comuni i timbri fai-da-te realizzati con le patate. Ma sono innumerevoli le possibilità che i resti di ciò che portiamo in tavola ci forniscono per creare. Basterà un coltello, un po' di tempera e un pizzico di creatività.

Con un fondo di sedano o di insalata intinto nell'inchiostro o nei colori a tempera otterrete bellissime stampe floreali. Nei tappi di sughero potrete addirittura intagliare i vostri timbri. Con un centrino arrotolato intorno a un mattarello e passato nel colore, realizzerete bellissime carte da regalo. Le possibilità sono infinite: guardatevi bene intorno... cos'altro potete utilizzare per creare le vostre stampe?

Maschere con sacchetti di carta

Un semplice sacchetto di carta può trasformarsi in una maschera improvvisata. Disegnate semplicemente il volto, ritagliate occhi e bocca, ed ecco un gioco divertentissimo e a costo zero (Fig. 21 e 22)

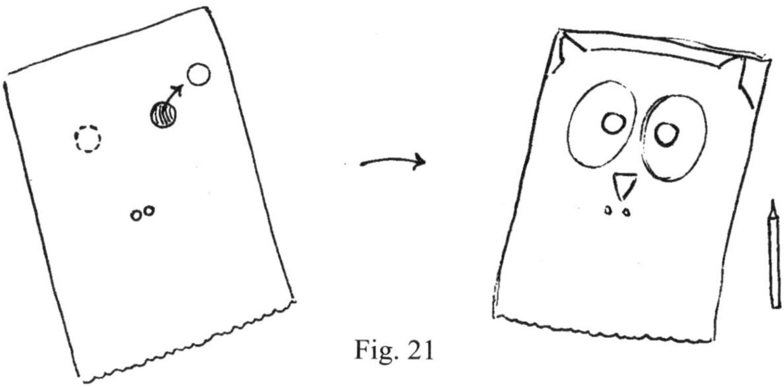

Fig. 21

Fig. 22

Cibo di maglia[10]

Da sapere prima di iniziare il lavoro…

I modelli presentati in questo volume sono estremamente facili da realizzare. Sono volutamente pensati in modo semplice per poter coinvolgere anche i bambini grandicelli nei loro primi lavori a maglia, dando loro la possibilità e il piacere di creare da sé.

Le abbreviazioni usate per la **maglia (m)** sono:

avviare (**avv**), chiudere insieme 2 m insieme diritto (**2insdir**), aumentare 1 m lavorando diritto davanti e dietro nella stessa m (**aum1dir**), ripetere (**rip**), lavorare da * a * (*-*).

I numeri tra parentesi **( )** indicano il numero di m sul ferro.

Le abbreviazioni usate per l'**uncinetto** sono:

catenella (**cat**), maglia bassissima (**m. bss**.), maglia bassa (**m. b.**), maglia mezza alta (**m. ma.**), maglia alta (**m. a.**).

Cambio di colore nei lavori all'uncinetto.

Arrivati al punto dove si deve chiudere il giro, inserire l'uncinetto nella prima m. del giro, tagliare il filo e terminare la m.bss. con il nuovo colore. Qui segnato come "cambia colore" (**CC**).

Come fare un quadrato?

Lavorate la maglia della larghezza desiderata. Per ottenere un quadrato, la lunghezza del lavoro a maglia dovrà essere uguale alla sua larghezza. Per controllare di aver raggiunto la lunghezza giusta durante il lavoro potete fare semplicemente così: 1) portate il lavoro di maglia su uno dei due ferri; 2) prendete la maglia dalla punta in basso a sinistra e piegatela portando il lato sinistro lungo il ferro; 3) quando la lunghezza del lato sinistro coincide con quello delle maglie d'avvio, il vostro quadrato è pronto!

Materiali

- I colori dei filati usati sono: beige, marrone, giallo, bianco, arancione, rosso e verde (entrambi in due sfumature).
- Scegliere a piacere il filato da utilizzare: acrilico, cotone, lana secondo i

10 Di Mette Buchreitz (http://www.maestramette.it)

gusti. Ricordare che i modelli sono creati per giocare, sono oggetti che saranno nelle mani di bambini e dunque devono essere piacevoli da lavorare e manovrare e facili da lavare! Bastano anche pochi avanzi ed è possibile usare diversi tipi di filato.

- Tutti i modelli sono lavorati con ferri 3,5/4mm, ma nulla vieta di adeguare i ferri al filo scelto. Così anche per la scelta dell'uncinetto.
- Forbici (con punta arrotondata per i bambini).
- Ago da lana (grosso e con punta arrotondata per i bambini).
- Imbottitura (deve essere lavabile, si può usare quella dei cuscini o vecchi collant tagliati a pezzi, stoffe, avanzi di lana ecc.).
- Facoltativo: velcro, bottoni automatici

Spaghetti al pomodoro

Con un filo di colore giallo chiaro, fare delle catenelle di varie lunghezze avendo cura di non superare i 10 cm (i fili lunghi possono essere pericolosi per i bambini piccoli). Gli spaghetti non devono necessariamente essere della stessa lunghezza.

Lavorare con un uncinetto più grosso di quello richiesto per il filo, in modo da dare morbidezza alla catenella. La catenella ottenuta deve cadere morbidamente come uno spaghetto cotto!

Sugo al pomodoro

Con il filo rosso fare delle catenelle come per gli spaghetti facendo ogni tanto delle m.b. e m.ma. nella cat precedente, poi continuando con le cat – massimo 6 cm.

Formaggio grattugiato

Come per il sugo, fare delle catenelle con il filo giallo – massimo 4 cm.

Rifinitura

Semplicemente tirare forte il filo iniziale e quello alla finale, tagliare i fili a 2-3 mm dai nodi. In tal modo non c'è bisogno di cucire il filo! (Foto C).

Foto C

Arancia

Avv 6 m con filo arancione

Ferro 1: dir

Ferro 2: aum1dir ogni m (12)

Ferro 3: dir

Ferro 4: *1dir, aum1dir*, rip *-* su tutto il ferro (18)

Ferri 5: dir

Ferro 6: *2dir, aum1dir*, rip *-* su tutto il ferro (24)

Ferri 7-18: dir

Ferro 19: *2insdir, 2dir*, rip *-* su tutto il ferro (18)

Ferro 9: dir

Ferro 10: *2insdir, 1dir*, rip *-* su tutto il ferro (12)

Ferro 11: dir

Ferro 12: *2insdir*, rip *-* su tutto il ferro (6)

Riportare le maglie sul ferro sinistro senza lavorarle, tagliare il filo e con l'aiuto di un ago passarlo nelle 6 maglie (partendo appunto dal lato opposto a quella da cui esce il filo). Tirare il filo.

Foglia

Avv 3 m con filo verde

Ferro 1: aum1dir, dir rimanenti m (4)

Ferri 2–5: rip ferro 1 (6)

Ferro 6: 2insdir, dir rimanenti m (5)

Rip ferro 6 fino 1 m. Tagliare il filo e intrecciarlo.

Stelo

Con il verde (possibilmente più scuro della foglia) fare una cat di 12 m con uncinetto 3,5 mm. Girare e fare 3 m.b. nelle prime tre cat, inserire l'uncinetto nella cat successive poi nella prima maglia dell'avv della foglia, chiudere a m.b., fare 2 m.b. così nelle altre due m dell'avv della foglia. Fare m.b. nelle ultime cat e alla fine fare una m.b. nell'arancia per fissare lo stelo. Tagliare il filo.

Confezione

Chiudere il lato dell'arancia e imbottire prima di chiudere completamente.

Fissare ulteriormente lo stelo con un paio di punti ed passare i fili dentro lo stelo per rafforzarlo.

Crackers

Avv10 m con filo beige
Ferro 1: dir
Ferro 2: rov
Ferro 3: 2dir, 2rov, 2dir, 2rov, 2dir
Ferro 4: rov
Ferro 5: dir
Ferro 6: rov
Ferro 7: 4dir, 2rov, 4dir
Ferro 8: rov
Ferro 9: dir
Ferro 10: rov
Ferro 11 (come ferro3): 2dir, 2rov, 2dir, 2rov, 2dir
Ferro 12: rov
Ferri 13–15: dir
Ferro 16: rov
Ferro 17 (come ferro3): 2dir, 2rov, 2dir, 2rov, 2dir
Ferro 18: rov
Ferro 19: dir
Ferro 20: rov
Ferro 21 (come ferro 7): 4dir, 2rov, 4dir
Ferro 22: rov
Ferro 23: dir

Ferro 24: rov
Ferro 25 (come ferro3): 2dir, 2rov, 2dir, 2rov, 2dir
Ferro 26: rov
Questo è un lato del cracker. Riprendere da ferro 1 per fare l'altro lato.
Al termine chiudere le maglie.

Confezione
Piegare a metà, rovescio verso rovescio, e unire i tre lati con punti nascosti dal diritto! (Foto A).

Foto A

Sandwich - due
Avv 15 m con filo beige.
Lavorare tutti i ferri diritto fino a ottenere un quadrato.
Chiudere le maglie.
Facoltativo: crosta – con filo marrone (possibilmente più sottile del filo usato per il sandwich), fare un giro di m. b. all'uncinetto.

Fetta di formaggio con i buchi
Avv 16 con filo giallo
Ferri 1-3: dir
Ferro 4: 5dir, chiudere 2 m, dir su rimanenti m
Ferro 5: 9dir, avv2, 5dir

Ferro 6: dir
Ferro 7: 10dir, chiudere 2 m, dir su rimanenti m
Ferro 8: 4dir, avv 2 m, dir su rimanenti m
Ferro 9: 4dir, chiudere 2 m, dir su rimanenti m
Ferro 10: 10dir, avv 2, dir su rimanenti m
Ferro 11: dir
Rip ferri 1-10 e continuare dir fino a ottenere un quadrato circa della stessa grandezza della fetta di pane. Chiudere le maglie. Cucire qualche punto nei bordi dei buchi per allargarli leggermente.

Fettina d'uovo sodo
Con l'uncinetto n. 3,50 mm fare 2cat con filo giallo/arancione
1° giro: lavorare tante m. a. quanto basta per formare un dischetto (solitamente 10 m.a.) nella prima cat, ultimo CC (bianco).
2° giro: 1cat, 2 m. b. nelle prossime due m. a. del giro precedente, 2 m.ma. nella m.a. successiva, 2 m.a. nella m.a. successiva, 2 m.ma. nella m.a., finire il giro con una m.b. in ogni m.a., chiudere il giro con una cat nella prima m.b. del giro. Tagliare e intrecciare i fili.

Fettina di pomodoro
Con l'uncinetto n. 3,50 mm avv 2cat con filo rosso più chiaro.
1° giro: lavorare 7 m. b. nella prima cat, chiudere ad anello con una cat con 1 m. bss.
2° giro: 1cat, 2 m. b. in ogni m. b. del giro precedente, ultimo CC.
3° giro: 1cat in ogni m.b. aggiungendo ogni 3 m.b. una m.b. che passa dal punto centrale del dischetto. Chiudere il giro con una cat nella prima m.b. del giro. Tagliare e intrecciare i fili.
Con un filo giallo ricamare i semi facendo passare il filo da entrambi lati.

Foglia di lattuga
Avv 3 m
Ferri 1-4: dir
Ferro 5: aum1dir, 1dir, aum1dir (5)
Ferro 6: 2dir, 1rov, 2dir
Ferro 7: 1dir, aum1dir, 1dir, aum1dir, 1dir (7)
Ferri 8-15: ripetere ferri 6-7 aumentando fino ad avere 17 m sul ferro e terminando con: 8dir, 1rov, 8dir

Diminuire così:
Ferro 16: 2insdir, dir su rimanenti m
Ferro 17: 2insdir, 7dir, 1rov, dir su rimanenti m
Ripetere ferri 16-17 fino ad avere 5m sul ferro
Ferro successivo: 2insdir, 1rov, 2insdir (3)
Chiudere le maglie.
(Foto D).

Foto D

Confezione

Ci sono più modi in cui si possono presentare i sandwich:

1. "imbottire" le due fette di pane con il condimento e unire il tutto con una cucitura circa 1 cm dal bordo lasciando vedere il condimento.
2. cucire il condimento su una sola fetta di pane, lasciando al bambino la facoltà di finire il sandwich con la seconda fetta.
3. adagiare una fetta di formaggio su una fetta di pane, aggiungere una fetta di lattuga e infine la seconda fetta di pane, fissando il tutto solo in un angolo per lasciare la possibilità di aprire il sandwich.
4. come numero 3 cucendo un pezzo di velcro/bottoni automatici sul condimento e sul pane.
5. ovviamente lasciare tutti i pezzi "liberi".

– GIOCARE ALL'APERTO –

Abbiamo già parlato dell'importanza di stare all'aria aperta. Che viviate in campagna o in città, cercate di ritagliarvi regolarmente un po' di tempo da trascorrere nel verde.

Osservare, interagire, rispettare

I nativi americani chiedono il permesso alla pianta prima di raccoglierne i frutti. Francesco d'Assisi ringraziava "fratello sole" per il calore che ci procura. Impariamo a rispettare la natura e a comprendere che tutte le creature sono interdipendenti. Insegniamo ai nostri figli a non distruggere per puro divertimento e a rispettare l'ambiente nel quale si trovano.

Impariamo anche ad accettare e assecondare la curiosità (è una grandissima risorsa!) dei nostri figli e lasciamoli il più possibile liberi di esplorare e sperimentare. Non trasmettiamo loro i nostri pregiudizi e le nostre paure: non diciamo che i vermi sono ripugnanti, non urliamo alla vista di un ragno, non preoccupiamoci dei vestiti puliti più che della sete di conoscenza dei nostri bambini.

Se prevedete una giornata all'aria aperta, scegliete abiti comodi ed economici, perché i bambini possano muoversi liberamente e giocare senza paura di sporcarsi o di rovinare il bel vestitino. Concedetevi il lusso di mollare un po' la presa, di rallentare e magari di inginocchiarvi a terra insieme a loro per osservare le meravigliose creature con le quali condividiamo la Terra.

Osservate insieme le piante e gli animali che vivono nel vostro territorio. Formiche, farfalle, api, ragnatele, chiocciole, lumache, eccetera. Andate a caccia di impronte, di pigne, di conchiglie, di semi, di nidi abbandonati, di ghiande e di tutte le piccole meraviglie che troverete sul vostro cammino. Giocate con l'acqua, con la terra, con il fango, con la sabbia. Fate uno strappo alla regola e rimanete alzati fino a tardi qualche sera d'estate per osservare il cielo. Sdraiatevi su un prato durante il giorno e fermatevi a guardare le nuvole.

E provate alcune di queste attività, che vi aiuteranno a conoscere meglio l'ambiente in cui vivete.

L'erbario

Durante le vostre passeggiate all'aperto, raccogliete fiori e foglie che potrete in seguito far essiccare e raccogliere in un erbario.

Per farle seccare, disponetele tra due pezzi di cartone sopra i quali appoggerete un grosso libro e attendete una settimana circa. Se avete molto materiale, potrete disporlo su più strati.

Incollate il tutto su un quaderno (o sul vostro *diario del naturalista*, se ne avete creato uno) aggiungendo dettagli come il nome della pianta dalla quale provengono, e magari un disegno o una fotografia della stessa.

Il Diario del Naturalista

Il *Nature Journal* è un "diario del naturalista". Un diario, un erbario, un'enciclopedia fai-da-te, un album da disegno, un diario di bordo delle vostre esplorazioni. Tutto in un semplice quadernetto.

Tenere un diario di questo tipo è un'attività estremamente creativa, piacevole ed utile. Un supporto impareggiabile per scoprire il mondo naturale insieme ai bambini. Da portare con sé durante le giornate trascorse all'aperto per raccogliere, conservare, identificare, classificare, immortalare le vostre scoperte.

Dopo un pomeriggio al parco (o nel bosco, o sulla spiaggia) l'avventura può proseguire a casa, a scuola o in biblioteca, dove si potrà cercare di identificare e scoprire informazioni su ciò che è stato raccolto ed osservato fuori.

Nel vostro diario del naturalista potrete incollare campioni, disegnare mappe, immortalare fiori e foglie facendone il calco con una matita o con i pastelli a cera. Sarà inoltre uno spunto, un punto di partenza per tantissime altre attività creative: creare collage con foglie, sassi e pezzetti di legno, giochi di memoria con foglie, fiori, insetti ecc.

È anche un modo per esercitare le proprie abilità artistiche. Una scusa per praticare regolarmente il disegno dal vero sperimentando diverse tecniche (penna, matita, acquarello, carboncino), senza preoccuparsi eccessivamente del risultato finale. Un motivo in più per uscire di casa e trascorrere del tempo in mezzo alla natura. Un modo per rilassarsi e trascorrere insieme del tempo di qualità, ritrovare il legame con la natura, vivere con lentezza.

Condividere un'attività legata alla natura, imparare insieme, osservare le reciproche prospettive sarà utile e istruttivo per grandi e piccini.

Non limitatevi ad annotare ciò che vedete. Registrate anche le vostre sensazioni. Descrivete i suoni, i profumi. Potete inventare filastrocche, scrivere poesie. Potrete anche proporre ai vostri figli poemi o composizioni di autori conosciuti, ispirate al mondo naturale o a ciò che in particolare state osservando. Se lo desiderate, o se i vostri figli hanno uno spiccato interesse per un argomento in particolare, potrete creare un diario tematico: gli uccelli, le piante, i fiori, gli insetti, il cielo, le stagioni.

Dopo esserci trasferiti in campagna, noi abbiamo realizzato "il libro delle stagioni", sul quale annotavamo, disegnavamo e datavamo l'arrivo delle rondini, la fioritura di questa o quella specie, la maturazione dei frutti del nostro giardino, eccetera. In seguito abbiamo creato il diario dell'orto. Prima abbiamo progettato il nostro orticello, disegnandone la mappa, poi abbiamo registrato l'evoluzione delle nostre pianticelle. Abbiamo anche incollato alcuni semi, rappresentando accanto ad essi la pianta alla quale appartenevano. È interessante confrontare di anno in anno non solo le eventuali variazioni dovute alle condizioni atmosferiche, ma anche l'evoluzione delle abilità e delle tecniche utilizzate dai bambini.

Tenere un diario naturale non aiuta solo a conoscere meglio la natura e a sviluppare le proprie doti artistiche. È molto utile anche per ampliare il vostro vocabolario e quello dei vostri bambini. Nominate ciò che conoscete nel modo più preciso possibile (un albero, una quercia, una quercia da sughero). Disegnate, fotografate, memorizzate o raccogliete campioni di ciò che non conoscete per scoprirne tutti i segreti. Se i vostri bambini sanno già scrivere, potranno esercitarsi annotando le nuove parole etichettando ciò che stanno raccogliendo e disegnando.

La caccia ai colori

Occorrente:
- una confezione da uova (di cartone)
- colori e pennelli
- un bel prato pieno di fiori

Dipingete ogni scomparto della confezione da uova con un colore diverso. Suggerite ai vostri figli di trovare fiori, foglie o altri elementi da associare a ogni colore. Si divertiranno moltissimo e impareranno a osservare meglio ciò che li circonda. Inoltre, noteranno le differenti sfumature di ciascun colore (Foto 42).

Variante: potrete svolgere questa attività anche in casa, sostituendo i fiori e le foglie con altri oggetti di uso quotidiano.

Foto 42

Memory foglie e fiori

Durante una passeggiata in mezzo alla natura, raccogliete fiori e foglie che farete in seguito seccare in una pressa o in un grosso libro. Procuratevi due esemplari per ciascun campione. Incollateli in seguito su un foglio di cartoncino, che ritaglierete per creare delle carte per giocare al gioco del "memory". Le carte potranno essere plastificate con nastro adesivo trasparente.

Approfittatene per introdurre il vocabolario esatto relativo agli oggetti che raccoglierete: i bambini da tre a sei anni attraversano un periodo di grande sensibilità e impareranno i nuovi termini (sì, anche quelli che vi sembrano troppo complessi!) senza alcuna difficoltà.

Se non siete esperti di alberi e foglie approfittatene per imparare insieme ai vostri bambini! In rete o in biblioteca troverete tutto il necessario per identificare le piante che si trovano comunemente nella vostra zona.

Variante: raccogliete diversi tipi di foglie e fotografate gli alberi dai quali queste provengono. Potrete creare delle carte come quelle descritte sopra, ma lo scopo del gioco sarà di associare ciascuna foglia all'albero corrispondente (Fig. 23).

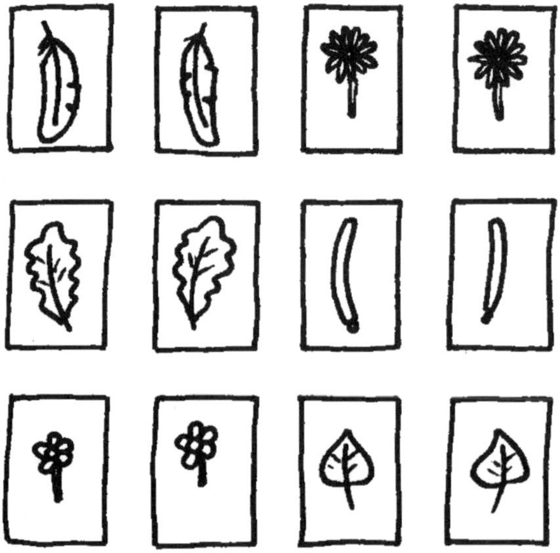

Fig. 23

Variante: tratta dal libro *Land art avec les enfants*[11]: ciascun bambino raccoglie una o più coppie (ce ne vorranno almeno una decina) di oggetti, non più grandi di un vasetto di yogurt. Seduti in cerchio, ciascuno presenta gli oggetti reperiti e li nomina, se necessario con l'aiuto di un adulto. In seguito, i bambini chiudono gli occhi e ciascun oggetto viene coperto da un vasetto di yogurt rovesciato. I bambini dovranno quindi sollevare due vasetti. Se gli oggetti sono differenti, li coprono nuovamente. Quando un bambino scopre una coppia, prende i due oggetti e gioca di nuovo.

Memory: come si gioca

Disponete le carte sul tavolo o su una superficie piana, con l'immagine rivolta verso il basso. A turno, ciascuno dei giocatori dovrà girare una carta, poi un'altra, cercando di ricostituire le coppie.
Chi trova due figure uguali potrà tenerle e giocare nuovamente. In caso contrario, le carte verranno nuovamente girate e il bambino dovrà cercare di ricordare dove si trovano per costituire le coppie con quelle che andrà a scoprire in seguito.
Una volta ricostituite tutte le coppie, vince il giocatore che ne possiede di più.

11 Andreas Güthler et Kathrin Lacher, *Land art avec les enfants*, Editions La Plage, 2009.

Collage con fiori e foglie

Con fiori e foglie si possono creare divertenti collage. Paesaggi, personaggi, animali e creature fantastiche. Nel suo libro *Blossom buddes*[12], Elsa Mora, artista cubana, presenta simpatici personaggi realizzati con foglie e fiori.

Raccogliete fiori, foglie, ramoscelli, ghiande e bacche durante le vostre passeggiate. Al ritorno a casa, potrete inventare un'infinità di scenari e personaggi e, perché no, anche delle storie delle quali potranno essere protagonisti.

Come Elsa Mora, potrete fotografare queste creature effimere, o lasciarle seccare in una pressa o in un grosso libro per poterle conservare (Fig. 24).

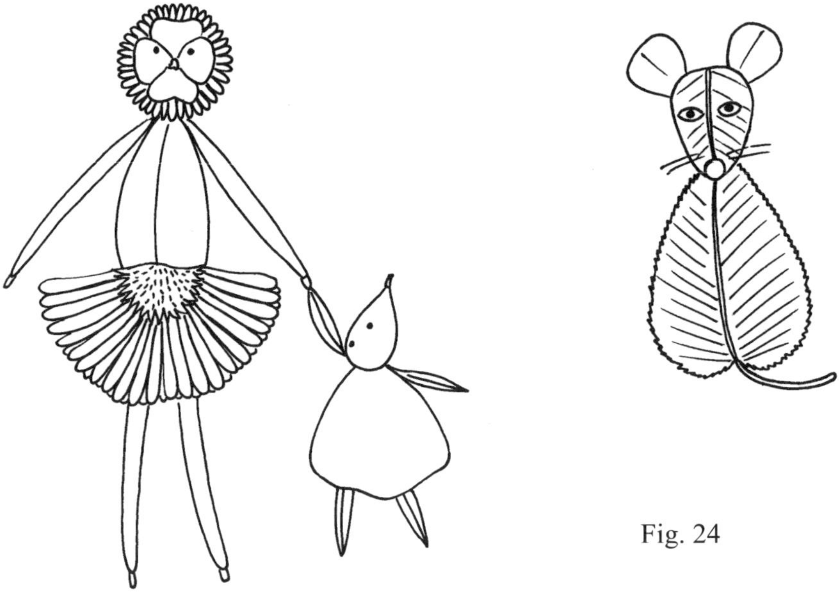

Fig. 24

12 Elsa Mora, *Blossom buddes*, teNeues, 2009.

Caccia al tesoro sensoriale

Il bambino, bendato, deve riconoscere oggetti reperiti nella natura e, tolta la benda, ritrovarne di simili.

Con il materiale raccolto si può poi creare un'opera di *land art*: un disegno, una struttura, un mandala costituito di materiali naturali.

Variante: il bambino, bendato, cammina su un tappeto di pietre, legno, erba, pigne... che deve riconoscere al tatto.

Lo scopo non è il risultato ma l'esperienza. Lasciare al bambino la possibilità di osservare, di decidere, di sperimentare, di creare, di cambiare idea, di disfare e ricominciare, senza esprimere giudizi (siano essi positivi o negativi) sul suo operato.

I mandala

I mandala sono disegni simmetrici ed effimeri, tipici della tradizione buddista. I monaci li realizzano con sabbia colorata per poi distruggerli non appena terminati. Le dimensioni possono variare, da una trentina di centimetri fino a uno o due metri se ci sono più bambini.

I bambini sono radunati intorno ad un cerchio tracciato sul suolo con sassi, pezzetti di legno o altri materiali reperiti nella natura. Il cerchio viene diviso in spicchi e ciascuno spicchio viene affidato a due o più bambini. (Se il bambino è uno solo, potrete lavorare uno spicchio alla volta insieme a lui). Andreas Guthler e Kathrin Lacher[13] suggeriscono di organizzare l'attività come segue:

- i bambini discutono e decidono come realizzare il proprio lavoro
- scelgono una gamma limitata di colori e di materiali
- un bambino avrà il compito di sistemare i materiali nello spicchio, partendo dal centro, mentre gli altri si occuperanno di reperirli nell'ambiente circostante (i ruoli possono poi essere invertiti)

In questo modo i bambini imparano a pianificare e a cooperare. (Fig. 25).

13 Andreas Güthler et Kathrin Lacher, *cit.*

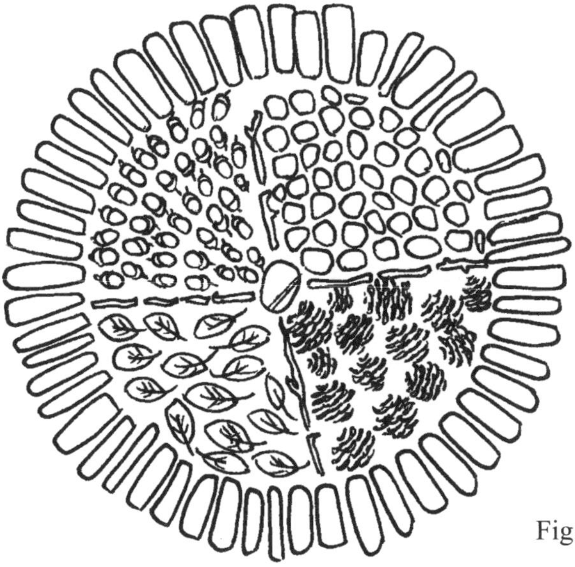

Fig. 25

AIUTARE GLI UCCELLI A SOPRAVVIVERE ALL'INVERNO

Durante l'inverno gli uccelli, così come molti altri animali selvatici, soffrono per mancanza di cibo a causa dell'urbanizzazione, dell'agricoltura intensiva che modifica il paesaggio, dei pesticidi e degli interventi dell'uomo in generale.

Offrire loro cibo e riparo durante la stagione fredda è un'attività che permette ai bambini (e non solo) di coltivare l'empatia, il senso di responsabilità e l'altruismo. Permette inoltre di esercitare le proprie attività manuali, di imparare a conoscere la natura, di studiare le diverse specie e il comportamento degli uccelli. Ultimo ma non meno importante: occuparsi degli uccelli è piacevole e divertente, soprattutto se questa attività viene condivisa con altri membri della famiglia.

Ecco che cosa possiamo fare per aiutare gli uccelli a sopravvivere all'inverno, in campagna come in città:

Potete sistemare nel vostro giardino o sul vostro balcone una mangiatoia, da riempire con semi vari che potrete acquistare in un negozio specializzato o con quelli che utilizzate in cucina e che avete nella vostra dispensa.

Potete anche confezionare delle "pigne ai semi", facendo attenzione a posizionarle fuori dalla portata dei predatori (essenzialmente i gatti).

Le pigne ai semi sono particolarmente adatte ai piccoli uccelli come passeri, pettirossi, cinciarelle e cinciallegre. I merli che frequentano il nostro giardino si mettono invece ai piedi dell'albero e aspettano che i piccoli sopracitati facciano cadere qualche seme. Se desiderate quindi nutrire uccelli di più grandi dimensioni, è preferibile utilizzare una mangiatoia. Se poi volete essere davvero i migliori amici degli uccelli che vivono dalle vostre parti, potrete fornire loro acqua e riparo.

Acqua per dissetarsi e per farsi il bagnetto (un contenitore largo e profondo pochi centimetri sarà perfetto sia per abbeverarsi che per la *toilette*, indispensabile agli uccelli). Ricordate che d'inverno l'acqua può gelare. Sarà quindi preferibile fornire acqua tiepida e controllarla regolarmente. Non posate il contenitore a terra: oltre a essere pericoloso per quanto riguarda i predatori, l'acqua gelerebbe più in fretta. Per chi proprio vuole rovinarsi, esistono in vendita apposite vasche riscaldate.

Un'altra idea per venire in aiuto ai nostri amici uccelli è la casetta. Come sapete, molti di loro nidificano nelle cavità naturali (spesso nei tronchi degli alberi), che si fanno sempre più rare. Offrire loro un riparo sicuro, nel quale potranno costruire un nido, rifugiarsi per dormire e poi, in primavera, deporre le uova ed allevare i loro piccoli sarà per loro un grande aiuto e per voi, che potrete osservarli da vicino, una grande soddisfazione.

Esistono in commercio delle casette apposite, ma se ne avete voglia potrete costruirne una. I bambini saranno pazzi di gioia. La casetta per gli uccelli deve essere più naturale possibile: l'interno non deve essere trattato né dipinto.

La base dovrebbe misurare circa 15×15 cm. Di 15 cm circa dovrebbe essere anche la distanza dal fondo del foro di entrata/uscita, il cui diametro può variare dai 3 ai 4,5cm, in base al tipo di uccello che desiderate ospitare. La casetta dovrà essere resistente e impermeabile.

Nutrire e proteggere gli uccelli può essere un'attività istruttiva e interessante per tutta la famiglia. Fornire loro il nutrimento permette di poterli osservare tranquillamente senza disturbarli (dalla finestra, per esempio).

Potrete approfittarne per procurarvi un libro che illustri gli uccelli presenti nella vostra regione e imparare a identificarli. Imparerete così a conoscere i diversi tipi di uccelli, le loro abitudini, il periodo in cui si presentano, i diversi modi in cui nidificano e persino a riconoscerne il canto.

Inoltre insegnerete ai vostri figli, con l'esempio e non con le parole, a prendersi cura della natura e delle altre creature, senza necessariamente impadronirsene chiudendole in una gabbia.

Un'ultima raccomandazione: se iniziate a nutrire gli uccelli quest'inverno, dovrete prendervi l'impegno di farlo fino alla fine: loro si abitueranno e torneranno regolarmente. Interrompendo bruscamente questo "rifornimento" sul quale loro contano, mettereste in pericolo la loro vita.

In primavera, invece, sarà opportuno sospendere. Tra aprile e settembre, gli uccelli nutrono i loro piccoli. In questo periodo il nutrimento abbonda, soprattutto gli insetti che sono di gran lunga il cibo ideale per i piccini. Potrete continuare ad aiutarli lasciando in giardino (o sul balcone) i vostri scarti di filo. Li utilizzeranno per costruire i loro nidi.

Le pigne ai semi

Occorrente:

- Pigne
- Semi
- Burro di arachidi
- Spago

Spalmare le pigne con il burro d'arachidi. Rotolarle nel mix di semi. Legare la base della pigna con un cordoncino. Appendere questo delizioso pranzetto in un posto frequentato dai vostri piccoli amici, che ve ne saranno riconoscenti!

Il burro di arachidi

Il burro di arachidi si trova nei supermercati, ma potrete anche realizzarlo in casa. Sarà un'ottima merenda anche per i bambini.
Ingredienti:

- Una tazza di arachidi pelate, sbucciate e tostate
- 50 g di olio (le ricette tradizionali consigliano quello di arachidi, ma noi preferiamo quello di oliva)
- Sale quanto basta

Con un robot da cucina tritate finemente le arachidi. Aggiungete olio e sale e mescolate. Conservate in un barattolo di vetro, in un luogo fresco e asciutto.

Mangiatoia per uccelli

Occorrente:
- un cartoccio di latte
- mix di semi
- un bastoncino
- forbici
- cordoncino per appendere la mangiatoia

Lavate il cartoccio di latte e lasciatelo asciugare. Tagliatelo creando una o due "finestre" come nell'illustrazione. Praticate un foro poco sotto l'apertura, nel quale infilerete un bastoncino che dovrà sporgere di una decina di centimetri (da entrambe le parti se le aperture sono due).

Riempite il fondo del cartoccio di semi o di cibo per uccelli.

Appendete questa mangiatoia sul balcone, o sul ramo di un albero se avete un giardino. Sistematela in modo da poter osservare tranquillamente (e senza disturbare) gli uccelli che verranno a nutrirsi (Fig. 26).

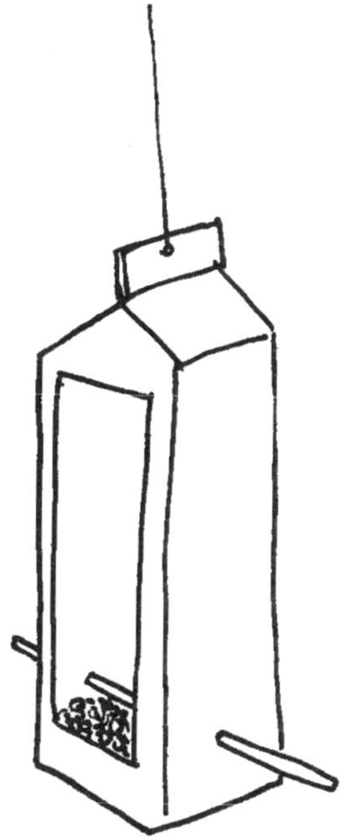

Fig. 26

Osservare le farfalle

Per osservarle da vicino, provate ad attrarre le farfalle sul vostro balcone o nel vostro giardino, fornendo loro ciò di cui necessitano per nutrirsi e riprodursi.

Procuratevi una varietà di fiori tipici della vostra zona (perché del loro nettare si nutrono le farfalle che vivono, appunto, nella vostra zona). Sistemateli al sole: le farfalle hanno bisogno di calore per poter volare. Per questo amano stare al sole e avrete più possibilità di attrarle se i vostri fiori sono sistemati in un punto soleggiato e riparato dal vento. Pare che le farfalle adulte siano attratte particolarmente dai fiori di colore giallo e viola, ma anche da piante aromatiche come timo, verbena, finocchio, basilico, erba cipollina, rosmarino, salvia, lavanda, menta, melissa. Anche mughetti e persino le tanto temute ortiche sono molto apprezzati dalle farfalle.

Molte specie di farfalle depongono le loro uova solo su piante specifiche, come carota, finocchio, prezzemolo. Delle loro foglie si nutrono i giovani bruchi. Coltivando queste piante sul vostro balcone, con un po' di fortuna, potrete osservare l'intero ciclo di vita della farfalla.

Lo sapevate? Se alcune specie di farfalle migrano verso i paesi caldi durante l'inverno, altre trascorrono i mesi freddi al riparo, aspettando il ritorno della primavera. Per fornire loro la protezione di cui necessitano, una pianta di edera sarà perfetta. Le farfalle vi si rifugeranno durante i mesi invernali per tornare a volare in primavera.

Allevare le farfalle

Un'attività meravigliosa e appassionante per avvicinare i bambini alla natura. Seguire, osservare, accompagnare l'evoluzione dei bruchi e la loro trasformazione in farfalle, lasciandole andare quando è giunto il momento, è un grandissimo gesto d'amore e di rispetto. In primavera non sarà difficile, durante una passeggiata in campagna o al parco, reperire i bruchi. Potrete anche trovarne sulla verdura che acquistate al mercato. Basta aguzzare la vista. Potrebbe essere utile consultare un'enciclopedia (online o cartacea) per farsi un'idea del loro aspetto. Di solito la pianta sulla quale si trovano è la loro pianta nutrice. Bisognerà quindi garantire loro una buona quantità di foglie fresche di questa pianta per continuare a nutrirli.

Prima di iniziare, accertatevi di poter portare a termine l'esperimento: ci vorranno dalle tre alle sei settimane. Assicuratevi di non avere spostamenti previsti in questo lasso di tempo.

Sulle piante di finocchio o di carote potrete trovare i bruchi *Macaone*. Sulle piante di prugne o di pesche, sui ciliegi, sul biancospino e sui mandorli troverete probabilmente il *Iphiclides Podalirius*, e sulle ortiche gli *Aglais Urticae*. Per chi non avesse dimestichezza con questi insetti, è possibile acquistare dei kit pronti all'uso. Troverete indicazioni su dove trovarli nella sezione Risorse. Anche se buona parte del divertimento sta proprio nella ricerca dei bruchi.

Sistemate i bruchi in un contenitore di vetro o di plastica (andranno bene quelli da cucina), possibilmente trasparente. Chiudetelo con un telo di garza o di lino non troppo fitto, che fisserete con un elastico, in modo da garantire una corretta aerazione. Nutrite i bruchi ogni giorno con le foglie della pianta nutrice e teneteli al riparo dalla luce diretta del sole.

I bambini saranno felici di guardarli mangiare o tessere dei sottilissimi fili di seta fino al giorno in cui si arrotoleranno nel loro bozzolo e si trasformeranno in crisalidi. Rimarranno in questo stato per diversi giorni, senza nutrirsi. In questo periodo è bene non disturbarle.

Dopo qualche giorno la farfalla uscirà dalla crisalide e pian piano stenderà le sue ali. In questa fase potrà essere osservata da vicino e anche presa in mano, facendo però attenzione a non toccarne le ali.

Prima di liberarle, nutrite le vostre farfalle con fiori freschi, pezzetti di frutta (mele o banane) o con qualche goccia di acqua zuccherata. Sarà interessante osservarle da vicino mentre mangiano, servendosi della loro proboscide. Quando le vostre farfalle saranno pronte per prendere il volo, lasciatele andare. Potrete liberarle anche sul balcone di casa. Saranno perfettamente in grado di farsi strada da sole. Ma se ne avete la possibilità, concedetevi una passeggiata in campagna o al parco più vicino. Sarà senz'altro più gradevole per voi come per loro.

Le coccinelle

Le coccinelle sono un aiuto prezioso per le piante del giardino. Si nutrono infatti di afidi, parassiti dannosi per le piante, proteggendo queste ultime.

Sono attratte da piante come calendula, pisello odoroso e borragine.

Anche le larve di coccinella possono essere acquistate e allevate.

Il ciclo di vita delle coccinelle dura all'incirca un mese ed è molto simile a quello delle farfalle. Anche la coccinella attraversa infatti gli stadi uovo-larva-pupa-insetto adulto. Se tutti conosciamo la coccinella adulta, difficilmente la riconosceremmo negli altri stadi del suo sviluppo.

La mamma coccinella depone le uova sotto una foglia, al riparo dai predatori, scegliendo un luogo nel quale i suoi piccoli potranno nutrirsi una volta venuti al mondo. Le larve sono molto voraci e si nutrono di afidi. Allevarle non è semplice a meno che non si disponga di una pianta che ne contenga a sufficienza. In alternativa, è possibile utilizzare gli appositi kit in commercio che contengono tutto il necessario (maggiori informazioni nella sezione risorse online).

Dopo un paio di settimane, la larva si chiude nel suo bozzolo e inizia la metamorfosi. Quando sarà pronta, la coccinella adulta verrà fuori dal bozzolo. Ci vorranno un paio di ore prima che il suo guscio si indurisca e si tinga di rosso.

Allevare le chiocciole

Le chiocciole si trovano facilmente in giardino o al parco, soprattutto nelle giornate umide. I bambini sono spesso affascinati da queste creature, allora perché non ospitarle a casa per qualche tempo?

Lo sapevate? La velocità media di una chiocciola è di 7 centimetri al minuto. Queste creature sono dotate di una notevole forza e possono sollevare fino a cinque volte il loro peso. Possono vivere fino a 5 anni e si nutrono prevalentemente di foglie di insalata e di frutta.

Per ospitarle in casa vostra dovrete allestire un terrario. Vi occorrerà un grande contenitore di vetro che potrete coprire con una retina o uno strofinaccio per garantire una corretta aerazione. Disponete qualche centimetro di terra al fondo del vostro contenitore. Aggiungete qualche foglia, un po' di muschio, qualche bastoncino sul quale le chiocciole possano arrampicarsi. Se avete raccolto più esemplari, con un po' di fortuna (e di pazienza, ci vorranno almeno due-tre settimane) potrete assistere alla nascita dei piccoli. Le chiocciole sono ermafrodite. Quando si accoppiano vengono entrambe fecondate e depongono le uova in un buco nel terreno.

Il vostro compito sarà di mantenere il terrario pulito e di fornire regolarmente nutrimento. Quando vi sembrerà di averle osservate abbastanza potrete lasciarle libere, preferibilmente nel luogo in cui le avevate raccolte.

Allevare le rane

Se desiderate osservare da vicino queste incredibili creature, potrete ospitarle in casa vostra per qualche tempo. Troverete facilmente i girini in laghetti o ruscelli, o addirittura in qualche fontana cittadina. Raccoglieteli in un barattolo di vetro e procuratevi anche qualche litro dell'acqua nella quale li avete trovati per poter ricostruire a casa il loro habitat. Una volta a casa, trasferiteli in un acquario o in un contenitore che possa assumerne la funzione. Utilizzate solo l'acqua prelevata nel luogo di origine dei vostri piccoli ospiti: quella del rubinetto potrebbe essere dannosa per loro.

I girini si nutrono in genere di alghe presenti nell'acqua in cui vivono. In un ambiente domestico, potrete nutrirli con cibo per pesci.

Cercate di riprodurre un ambiente il più possibile simile a quello nel quale si trovavano in precedenza. Procuratevi anche qualche grossa pietra. Quando saranno pronti per uscire dall'acqua, i piccoli dovranno poterlo fare subito.

Osservateli attentamente e vedrete spuntare le loro zampette posteriori. In seguito perderanno la coda. Quando spunteranno le zampe anteriori, i ranocchi saranno pronti per uscire dall'acqua e... per essere rilasciati nel luogo nel quale li avevate trovati.

Allevare i vermi

Spesso ingiustamente ignorati (se non addirittura temuti!) i vermi sono creature interessantissime. Non hanno ossa né occhi, e respirano attraverso la pelle. Scavano la terra cibandosi di ciò che contiene e, così facendo, ne migliorano la qualità. Non è meraviglioso?

Se non insegnate loro a sfuggirli, i vostri bambini saranno naturalmente attratti da queste creature e avranno voglia di osservarle da vicino. Questo è possibile in particolar modo quando il suolo è umido.

Dopo una giornata di pioggia, i vermi escono allo scoperto e i bambini possono prelevarne qualcuno da osservare a casa.

Potete metterli in un contenitore di vetro (andrà bene anche un grosso barattolo), con un po' di terra (almeno la metà del contenitore), preferibilmente prelevata nello stesso luogo in cui avete reperito i vermi stessi. Raccogliete anche eventuali pezzi di foglie e residui organici presenti nel terreno. Mantenete la terra leggermente umida vaporizzando un po' d'acqua sulla superficie. Tenete il barattolo in un posto fresco e riparato dal sole.

Osservateli mentre mangiano la terra per poi rigettarla in superficie. Spiegate ai bambini come questo migliori la qualità della terra stessa.

Dal seme alla pianta

Dopo essere stati impollinati, i fiori producono semi. I semi viaggiano in mille modi diversi: portati dal vento, galleggianti sull'acqua, attaccati alle zampe o alla coda di un animale...

Una volta finito nel terreno, se ci sono tutte le condizioni necessarie, il seme potrà germogliare.

Osservate il ciclo di vita del seme e della pianta insieme ai vostri bambini facendo germogliare grano, fagioli, lenticchie, eccetera. Se sceglierete germogli commestibili potrete anche portarli in tavola.

Ma quali sono le condizioni necessarie perché il seme germogli? Provate a chiederlo ai bambini e ascoltate le loro risposte. In seguito potrete tentare un esperimento. In contenitori diversi, disponete alcuni semi. Ad alcuni darete tutto ciò di cui hanno bisogno (terra, acqua, luce). A ciascuno degli altri togliete invece uno di questi elementi.

1. Senza terra: adagiate i vostri semi su uno strato di cotone, annaffiateli regolarmente ed esponeteli alla luce.
2. Senza acqua: disponete i vostri semi sulla terra, sistemateli al sole e non annaffiateli.
3. Senza luce. Fornite ai semi terra e acqua, poi riponeteli in un sacchetto.

Quali cresceranno prima? Quali non cresceranno affatto? State a guardare. Il risultato potrebbe sorprendere anche voi!

L'orto sul balcone

Che soddisfazione per i bambini (e non solo) mangiare frutta e verdura che loro stessi hanno piantato e curato! Se avete un giardino, regalate ai vostri figli un fazzoletto di terra per coltivare il proprio orto. In caso contrario, potrete comunque coltivare le vostre piante in un vaso sul balcone.

Zucchine, peperoni, melanzane e pomodori, ad esempio, cresceranno benissimo anche in vaso. Potrete osservare le vostre piante crescere e fiorire, per poi produrre cibi che porterete in tavola. Sarà un'esperienza davvero emozionante e, se lascerete ai bambini la responsabilità di occuparsi delle piante, limitandovi a fungere da osservatori e accompagnatori, offrirete loro una meravigliosa opportunità per mettersi alla prova e portare a termine un compito importante.

Quale modo migliore per restare in sintonia con la natura che immergersi letteralmente nel ciclo delle stagioni attraverso il giardinaggio? Senza dimenticare la soddisfazione del portare in tavola frutta e verdura autoprodotta.

Se non avete un giardino, questo non significa che non possiate sperimentare le gioie della semina, del raccolto e della degustazione dei vostri prodotti. Molte piante (come pomodorini, erbe aromatiche, zucchine, piselli e fragole) possono infatti essere coltivate in vaso. Non dimenticate di lavarle molto bene con bicarbonato di sodio, soprattutto se vivete in città.

Pianificate il vostro orto insieme ai bambini. Stilate una lista dei prodotti che vi piacerebbe coltivare, poi verificate che siano adatti al luogo in cui vivete, al clima e, eventualmente, ad essere coltivate in vaso.

– IDEE DAL WEB –

Le "Flamenco Flower Dolls"[14]

Occorrente:

- fiori
- un bastoncino
- un foglio o cartoncino
- forbici
- penna o matita
- un pezzetto di pasta da modellare (facoltativo)

Raccogliete i fiori e infilateli sul bastoncino. Su un foglio o cartoncino disegnate la testa, le braccia e il collo, un po' più lungo del necessario.

Praticate un foro alla base del collo, e infilatelo sopra alla pila di fiori.

Se volete che la vostra bambolina stia in piedi, fissatela su una pallina di pasta da modellare (ricetta a pag. 100) (Foto 43).

Foto 43

14 Di Joel Henriques – www.madeybyjoel.com

Il puzzle di stoffa[15]

Per cominciare, scegliete i vostri tessuti. Noi abbiamo utilizzato sette colori differenti. Per 42 quadretti: 15 cm di ogni colore, più 30 cm di bianco (Fig. 27).

Fig. 27

Ogni colore è stato accoppiato una volta con ogni altro colore. 7 colori, quindi 6 + 5 + 4 + 3 + 2 + 1 = 21. Ovvero: prendete il numero di colori scelti, meno uno. Aggiungete tutti i numeri in ordine decrescente fino ad arrivare a uno e, tagliando i quadretti in due (come vedremo in seguito) arriverete a un totale di 42 pezzi.

Tagliate sei quadretti da 10 cm circa, incluso il bianco (se utilizzate un numero diverso di colori, vi occorrerà un numero di quadretti inferiore di uno a quello di ciascun colore per ogni colore). Per il retro, vi serviranno 42 quadretti monocolore (noi abbiamo utilizzato 18 quadretti bianchi e 4 di ciascun altro colore). Accoppiate ogni colore con ciascuno degli altri:

15 Di Rebecca Rendon – http://thereisbeautyallaround.wordpress.com

rosso e arancio, rosso e giallo, rosso e verde, e così via. Se usate un tessuto stampato, posizionate i due quadretti diritto contro diritto.

Con un gessetto o una matita, tracciate su uno dei quadretti una linea diagonale che vada da un angolo all'altro. Cucite seguendo la linea. Non cucite sulla linea ma qualche millimetro più in là (potrete regolarvi posizionando il bordo del piedino della vostra macchina da cucire sulla linea stessa). Ripetete l'operazione dall'altro lato della linea.

Tagliate lungo la linea precedentemente tracciata.

Aprite i quadretti e stirateli, mantenendo la parte eccedente di tessuto dal lato del tessuto più scuro.

Tagliate 42 quadretti di imbottitura.

Su ogni quadretto di imbottitura, disponete i quadretti di tessuto (uno bicolore, uno monocolore) diritto contro diritto. Cucite tutto intorno a qualche millimetro dal bordo lasciando una piccola apertura (4-5cm) per poter rovesciare il lavoro. Spuntate gli angoli e rovesciate. Se necessario potrete utilizzare una pinzetta per aiutarvi a rovesciare il quadretto e a spingere bene in fuori gli angoli.

Cucite il lato rimasto aperto. Potrete cucire a macchina oppure a mano, utilizzando il punto invisibile.

Ripetete 41 volte (o quante ne volete) (Fig. 28).

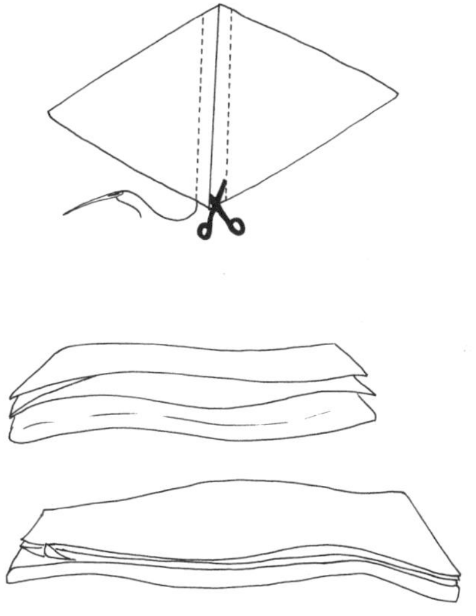

Fig. 28

La mappa del cuore[16]

Disegnate un grande cuore e chiedete ai bambini di disegnarne, all'interno, la mappa, ovvero elencare tutto ciò che ha un posto nel loro cuore.

Occorrente:

- scampoli di cotone di colore chiaro
- pennarelli per tessuto
- lana cardata o imbottitura sintetica
- ago e filo

Tagliate due pezzi di tessuto per ogni bambino. Tracciate su ogni scampolo la sagoma del cuore. All'interno di ogni cuore, ciascuno potrà scrivere/disegnare i nomi o i ritratti delle persone a lui care. Delle persone che hanno un posto nel suo cuore. Cercate di non condizionare le scelte dei vostri figli. Osservateli in silenzio. Potrebbero riservarvi delle sorprese.

Cucite i due cuori insieme, diritto contro diritto. Lasciate un'apertura per poter rovesciare e imbottire. Quella dell'imbottitura è un'operazione che i bambini amano molto.

Cucite il lato rimasto aperto…

Abbracciateli, coccolateli e regalateli alle persone care! (Foto 44).

Foto 44

16 Di Mariah Bruhel – www.playfullearning.com

I CUBI-LAVAGNA

Un'idea tratta dal blog di Mariah Bruhel, autrice anche dell'omonimo libro *Playful Learning*[17].

Occorrente:

- cubi di legno
- vernice effetto lavagna
- pennello
- gessetti

Dipingere i cubi di legno con la vernice effetto lavagna e lasciarli asciugare. Una volta pronti potranno essere utilizzati in modo creativo scrivendo o disegnando ciò che vorrete, per comporre parole, frasi o puzzle divertenti (Fig. 29 e 30).

Fig. 29

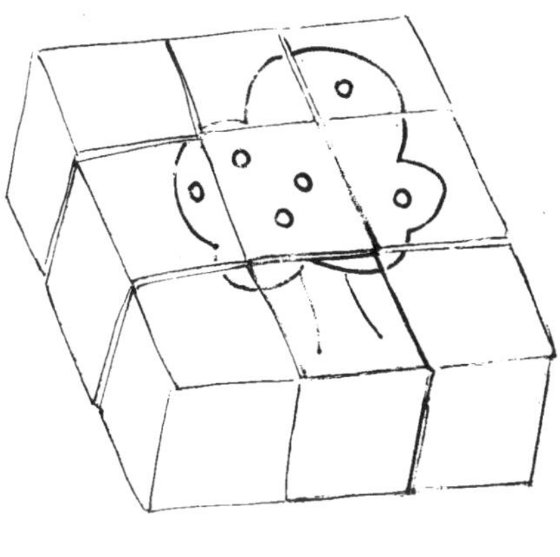

Fig. 30

17 Mariah Bruhel, *Playful Learning*, Shambhala Publications, 2011.

Gli acquarelli fai da te[18]

Occorrente:

- 2 cucchiai di aceto bianco (noi abbiamo usato quello di mele)
- 2 cucchiai di maizena
- 4 cucchiai di bicarbonato
- 1 cucchiaino di glicerina (trovate il glicerolo liquido in farmacia, 50 ml per circa 3 euro)
- coloranti alimentare
- acqua

Mescolare in un recipiente l'aceto con il bicarbonato. Non appena l'effetto della combinazione si placa aggiungere la maizena e la glicerina.

Dividere quanto ottenuto in tante parti quanti acquerelli volete ottenere. Aggiungete qualche goccia di colorante alimentare (più ne aggiungete più intenso sarà il colore finale) e poca acqua fino a rendere la miscela della densità circa di una pasta dentifricia. Ho provato con diverse densità e in questo modo mi pare si ottenga il risultato migliore.

Lasciate seccare per diverse ore. Noi lo abbiamo fatto per l'intera notte. Il risultato è sorprendente. Semplice, efficace e di gran soddisfazione. La parte più divertente è senza dubbio la ricerca del recipiente dove mettere i colori: si possono usare i cartoni delle uova, quelli delle uova di quaglia sono perfetti, o vecchi contenitori.

18 Di mammagiramondo – www.mammagiramondo.blogspot.com

La tavoletta multi-attività[19]

Un progetto originalissimo e divertente creato da papà (Fig. 31).
Occorrente:

- una tavola di abete da 20 mm
- kit di punte da legno per il trapano
- ruotine di varie dimensioni
- due maniglie di legno
- un metro di catena
- un anellone d'acciaio
- una lastra di ferro
- due cerniere
- una serratura
- una scatola zeppa di viti autofilettanti
- letterina di legno

Fissare i vari elementi alla tavola di legno, tagliare un quadratino per creare uno sportello, che andrà fissato con una cerniera e sul quale potrete aggiungere una serratura. Appendere al muro, ad altezza bambino.
Divertimento assicurato!

Fig. 31

19 Di Giada Francia – www.quandofuoripiove.com

Il saltamartino[20]

Occorrente:
- Un vasetto di yogurt o un bicchiere di plastica
- un elastico abbastanza lungo (30 cm circa)
- carta di giornale
- colla vinilica
- carta da cucina
- colore a tempera

Praticare un foro sul fondo del vasetto di yogurt, infilarvi l'elastico e annodarlo in modo che non fuoriesca. All'altra estremità, fissare una pallina realizzata con carta di giornale e nastro adesivo o con carta da cucina e colla vinilica, che potrete poi dipingere a piacere.

Lasciare asciugare e... iniziare a giocare. Lo scopo? "Acchiappare" la pallina con il bicchiere.

Un gioco di agilità, manualità e coordinazione (Fig. 32).

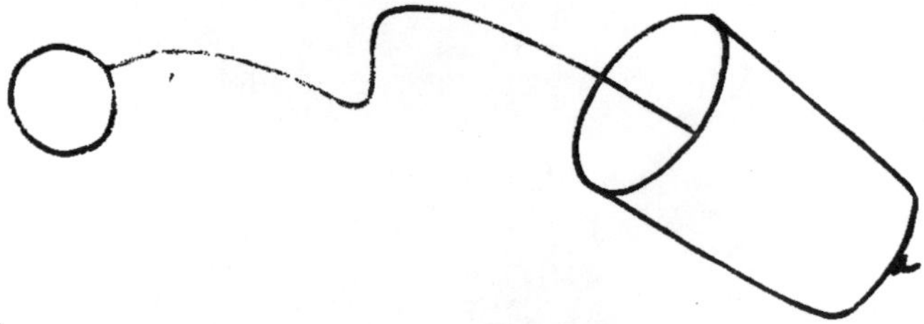

Fig. 32

20 Di Silvia Pasqui – www.piacerediconoscerti.it

Dipingere senza sporcare[21]

Esistono in commercio tappetini plastificati che permettono di disegnare con una sorta di pennarello riempito d'acqua. La superficie del tappetino si colora a contatto con l'acqua e il disegno sparisce una volta asciutto. Un'idea eccellente per "pasticciare" senza danni e senza sprecare tonnellate di fogli. Un'idea riproducibile anche a casa, a costo zero.

Occorrente:

- un tavolo
- una tela cerata colorata
- un lenzuolino con gli angoli che si adatti al tavolo (o un lenzuolo normale da fissare con delle mollette)
- acqua
- pennelli

Sistemare la tela cerata sul tavolo e coprirla con il lenzuolo. Dipingere con i pennelli intinti di acqua. Il disegno scomparirà una volta asciutto e si potrà ricominciare all'infinito (Foto 45).

Variante: tagliare un quadrato di tela cerata e uno di cotone leggero, sovrapporli e cucirli uno sull'altro. In questo modo potrete portare il vostro tappetino con voi ovunque andrete.

Foto 45

21 Di Roberta Sperandini – www.io-solomamma.blogspot.com

– TRADIZIONI DAL MONDO –

Il Koinobori

Il 5 maggio in Giappone si celebra la festa dei bambini. In occasione di questa ricorrenza, i giapponesi confezionano i Koinobori: carpe di stoffa che, come bandiere, vengono issate in cima a un'asta e lasciate fluttuare nell'aria (Foto 46).

Su Stopar's Mansion[22] ci raccontano che:

Ogni famiglia che vanti uno o più figli maschi, per l'occasione segnala orgogliosamente al mondo la propria ricchezza issando sul tetto, per mezzo di corde, in cima a una lunga asta di bambù, tante carpe quanti sono i bambini in casa.

La prima carpa, la più grande, è nera e rappresenta il padre. La seconda, rossa, la madre. Le altre (blu, verde, viola, arancione) in ordine decrescente, gli altri figli. In origine venivano rappresentati solo i figli maschi. Oggi la tradizione si è estesa a tutti i bambini della famiglia.

Se volete creare dei koinobori di carta come i nostri, troverete in fondo a questo libro il cartamodello da fotocopiare in quattro diverse dimensioni.

Foto 46

22 www.lamiss-artistichousewife.blogspot.fr

Il Kamishibai[23]

Il Kamishibai è un po' teatrino un po' televisione, anche se la sua origine, giapponese, è antica. *Kami* in giapponese vuol dire carta e *shibai* storia.

Dagli anni '20 agli anni '50, anno dell'avvento della TV, nella sola Tokyo ci sono stati più di 25.000 narratori ambulanti, *gaito kamishibaya*… E ancora oggi è usato nelle scuole del Giappone, nell'ambito di programmi didattici specifici.

Si tratta di una specie di cornice a cui sono applicate due ante come quelle delle finestre, che fanno da sipario. Il Kamishibai chiuso, quello che si compra già fatto, è dotato di manico, sembra una valigetta, da qui la suggestiva definizione di "valigia di storie", o "racconti in valigia".

Il narratore infila i disegni da un lato della cornice e li sfila dall'altro, mentre ne legge sul retro le rispettive didascalie, cioè i testi della storia, suddivisi nei diversi momenti rappresentati ognuno da un disegno.

In genere una storia è fatta di 12-14 disegni numerati in sequenza.

Con questo strumento la storia si dinamizza più che se fosse scritta in un libro. I bambini sono sensibilizzati a un rapporto più vivo tra immagine e parola. La presenza del Kamishibai in una stanza, preferibilmente in un ambiente piccolo e raccolto, crea magicamente la giusta condizione di attenzione e di ascolto, indispensabile per un coinvolgimento del bambino a tutti i livelli di percezione. Questo effetto è ancora più forte se il narratore riesce a mantenere costante e vivace il contatto visivo con i bambini. È utile inoltre caratterizzare i personaggi della storia con voci diverse: questa tipizzazione permette l'empatia tra i bambini e i personaggi, e le conseguenti identificazioni.

Il bello del Kamishibai è che possiamo farcelo da soli con l'aiuto dei bambini; non deve essere necessariamente di legno, può essere costruito in cartone utilizzando delle scatole.

Possiamo poi inventare insieme le storie e realizzare i disegni su semplici fogli A4, quelli della stampante, per intenderci, o utilizzare delle fotografie stampate, che i bambini contribuiranno a mettere in sequenza e a manovrare nel Kamishibai (Fig. 33).

23 Di Maria Rita Battaglia (www.doimatladam.blogspot.com).

Occorrente:
- uno scatolone
- forbici
- nastro adesivo
- nastro di cotone

Tagliate dei pezzi di cartone delle seguenti dimensioni:
32 x 25
32 x 21
15 x 21 (x2)

Il primo pezzo (32x25) sarà la cornice del vostro kamishibai. Ritagliate un'apertura che sia leggermente più piccola di un foglio A4, che diventerà lo "schermo" del vostro kamishibai.

Ripiegate l'estremità superiore e quella inferiore in modo che il vostro rettangolo vada a combaciare con l'altro pezzo di cartone (32x21) e incollate i due in modo da ottenere una specie di cornice.

Fissate le ultime due parti di cartone sul retro della cornice in modo da creare due "sportelli" ai quale fisserete il nastro che potrà essere annodato per chiudere il kamishibai.

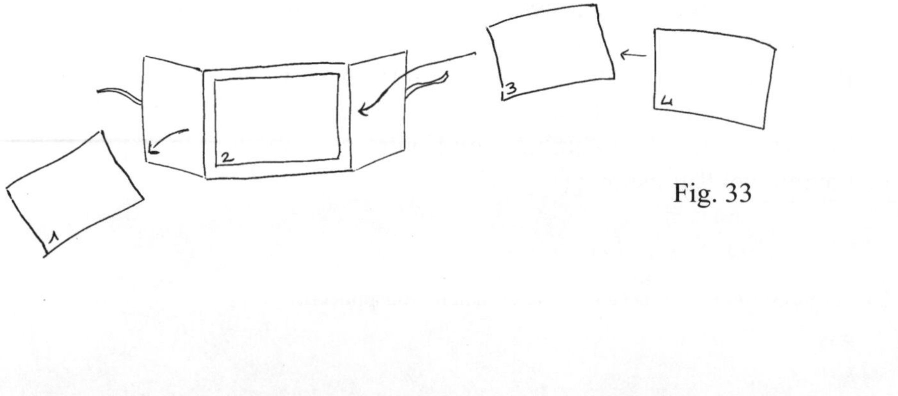

Fig. 33

Il Bai Jia Bei[24]

Cosa regalereste a un bambino per tenerlo abbracciato e proteggerlo simbolicamente? Non è una copertina quello a cui state pensando? Allora visualizzate una coperta patchwork realizzata cucendo insieme *cento riquadri di stoffe diverse* che cento tra amici e parenti vi abbiano regalato per completarla. Cento pezzetti di stoffa, ognuno abbinato a un nome e a un augurio personalissimo indirizzato al bambino che arriva. Cento pezzetti di stoffa per una coperta che dovrà tramandarsi di generazione in generazione. È il Bai Jia Bei (Fig. 34).

Narra la leggenda che l'ultima imperatrice della dinastia Qing, che era l'unica tra le concubine che aveva dato un erede all'imperatore, costretta ad abbandonare il suo bambino, per proteggerlo da ogni insidia pensò di chiedere a cento famiglie tra quelle più in vista dell'Impero di offrire ciascuna un pezzo della seta più bella, con cui confezionò un lungo abito per suo figlio, cosicché il principino fu simbolicamente rivestito di nobiltà e fortezza e degli auspici dei maggiorenti dell'Impero.

Così in Cina è nata la tradizione del Bai Jia Bei, usanza che perdura tuttora, allo scopo di attirare sul bambino tutte le forze benefiche provenienti dalle persone che gli vogliono bene, in modo che sia protetto per tutta la vita dalle avversità.

Bai = 100
Jia = famiglie
Bei = da
Bai Jia Bei = da cento famiglie.

Istruzioni da comunicare ad amici e parenti per realizzare il Bai Jia Bei:

1) Scegliere e ritagliare un riquadro di stoffa di cotone 100% delle dimensioni di *25 cm x 25 cm* (per consentire di cucirlo ad altri analoghi riquadri di stoffa) che in qualche modo vi rappresenti e rappresenti l'augurio che volete fare al bambino a cui è destinato (potrebbe essere anche dipinto o ricamato a mano da chi lo regala);

24 Di Maria Rita Battaglia – www.doimatladam.blogspot.fr

2) ritagliare un ulteriore pezzetto della stessa stoffa delle dimensioni di *6 cm x 6 cm* da allegare al biglietto di auguri che scriverete per il bambino in arrivo, in modo che il riquadro di ciascuno possa essere successivamente individuato;

3) Inviare il tutto al destinatario.

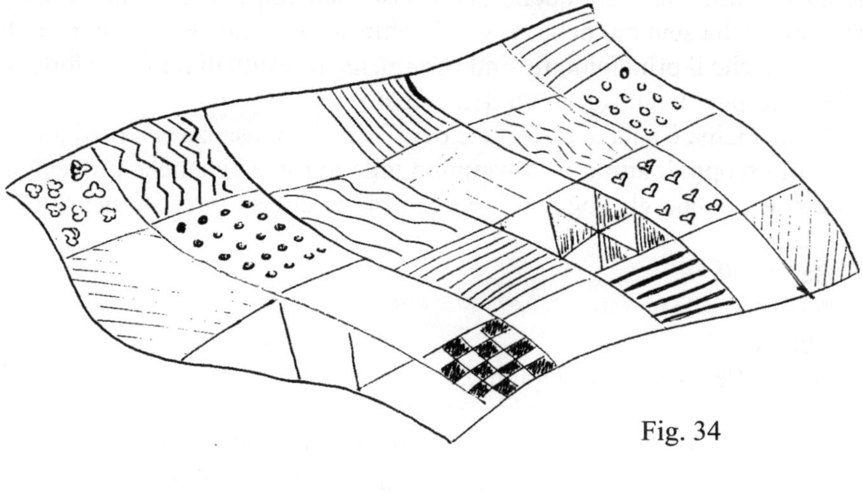

Fig. 34

L'ACCHIAPPASOGNI

L'acchiappasogni è un oggetto tradizionale dei nativi americani. Originariamente realizzato con rami di salice intrecciati e appeso sulla culla dei neonati. La sua forma circolare ricorda il movimento del sole nel cielo. La ragnatela ha come funzione quella di filtrare sogni e pensieri, trattenendo quelli negativi, che scompariranno allo spuntar del sole, e lasciando passare solo quelli belli.

Il fatto che fossero realizzati in salice e tendini ne faceva degli oggetti intenzionalmente effimeri, destinati a non durare, proprio come l'infanzia.

Le piume rappresentano il respiro, l'aria. Per le bambine si utilizzavano in genere piume di gufo, che auspicavano la saggezza. Per i maschi piume di aquila, per invocare il coraggio. Queste distinzioni non erano rigide.

Alla tela può essere aggiunta una pietra, che rappresenta il ragno e che ha un effetto prevalentemente decorativo.

Occorrente:

- telaio da ricamo
- filo
- piume
- colla
- una perlina (facoltativo)

Annodate un'estremità del filo al telaio da ricamo, aperto. Fissatelo con una puntina di colla per facilitare le operazioni successive.

Arrotolate il filo intorno al telaio, come nel disegno, fino a farne tutto il giro. Annodate e fissate nuovamente con la colla.

Con un nodo, fissate un secondo filo al primo e arrotolatelo come fatto in precedenza. Ripetete l'operazione finché non resterà più che una piccola apertura al centro. Terminate con un nodo. Se lo desiderate, potrete inserire una perlina nel punto che preferite.

Inserite la parte esterna del telaio da ricamo e appendete il vostro acchiappasogni. Se i vostri bambini sono piccoli, potrete appendere il l'acchiappasogni sulla culla o sul tappeto da gioco. Potrete modificarlo trasformandolo in giostrina appendendolo in orizzontale con le piume fissate tutto intorno.

Per i più grandicelli, appendetelo sopra il letto e non dimenticate di raccontare loro la storia.

Questa può essere anche un'originale idea regalo fai-da-te per gli amichetti, da accompagnare con un libricino fatto in casa nel quale si spiega la storia e la funzione dell'oggetto.

Storia: al tempo degli indiani Asibikaashi la donna ragno, che consideravano creatrice del mondo e protettrice degli uomini, aveva un modo per assicurarsi che il sole tornasse sempre a scaldare e illuminare le loro terre. Ogni mattina, prima dell'alba, tesseva una tela che serviva a catturare la luce del sole. Quando le popolazioni hanno iniziato a spargersi in tutto il Paese, la donna ragno non poteva più essere dappertutto contemporaneamente. Le donne di ogni famiglia hanno quindi preso il testimone e iniziato a tessere queste tele per i loro cari, in particolare per i bambini.

Intrecciavano rami di salice e tendini per creare queste tele magiche (di forma circolare, come il movimento del sole nel cielo) che servivano non solo ad auspicare il ritorno del sole ma a proteggere il bambino dai brutti sogni, che rimanevano intrappolati nella tela e sparivano allo spuntar del sole. Solo quelli belli potevano passare attraverso la tela e giungere fino al bambino.

Alle loro tele, le mamme aggiungevano piume di uccello per invocare per i loro figli le qualità dell'uccello stesso (piume di gufo per la saggezza, di aquila per il coraggio…).

Appeso sopra il letto di ogni bambino, l'acchiappasogni serviva a ricordargli che era al sicuro, e a proteggerlo dai brutti sogni e dai cattivi pensieri (Fig. 35).

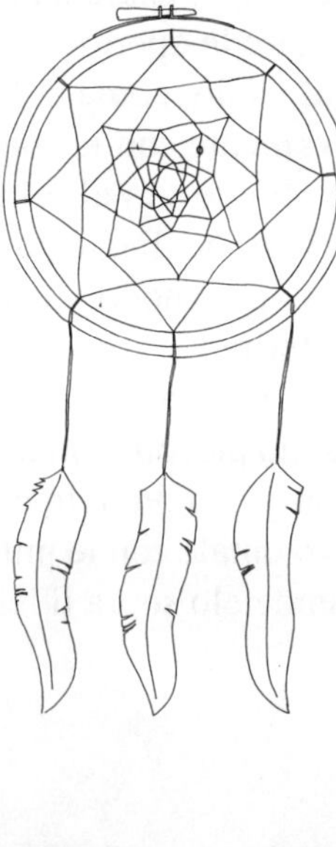

Fig. 35

Cartamodelli

Koinobori 1

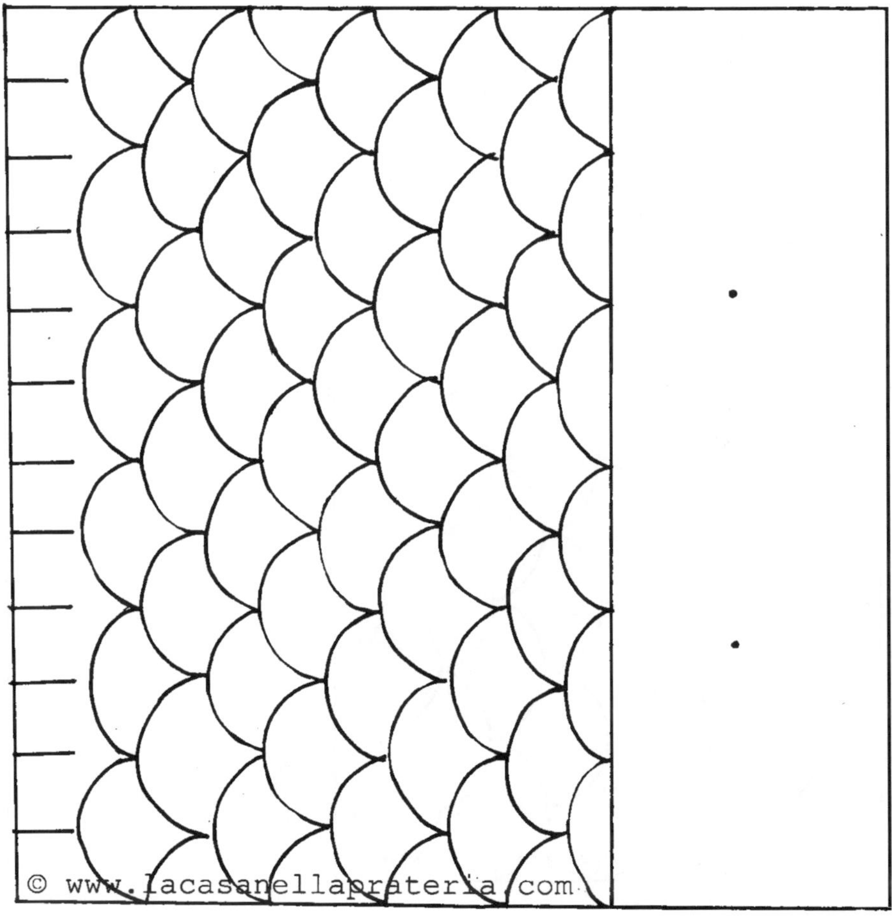

Koinobori 2

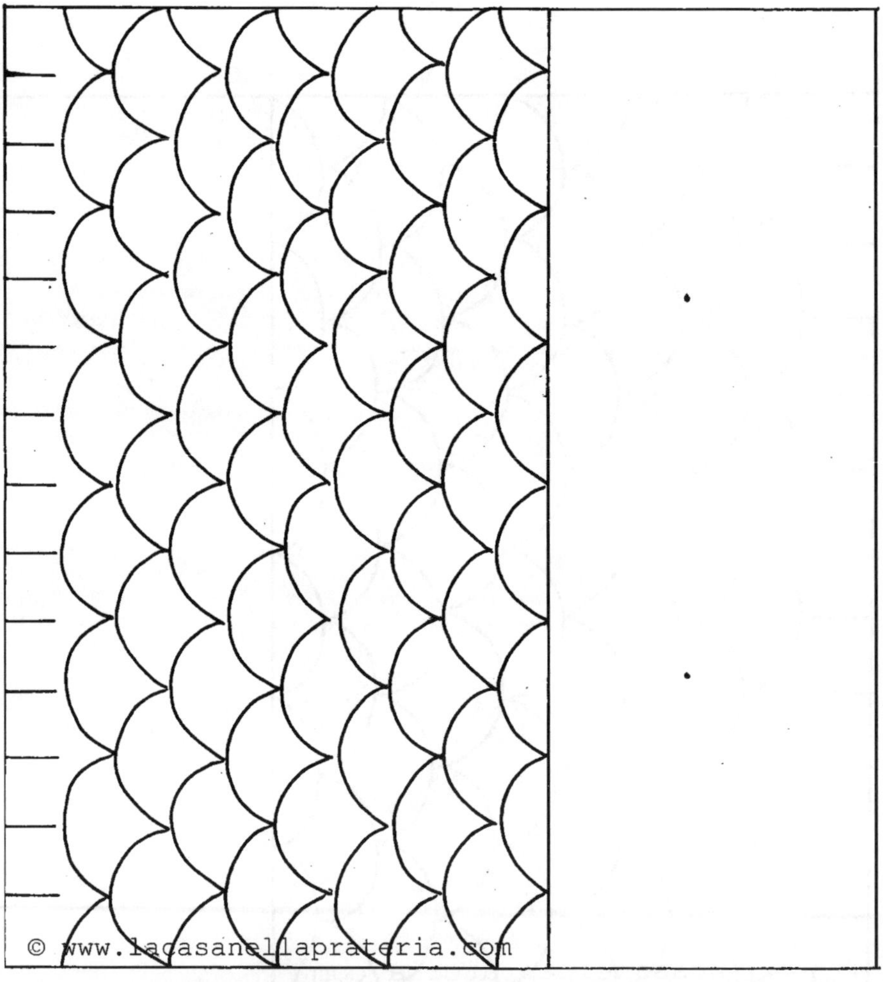

Koinobori 3

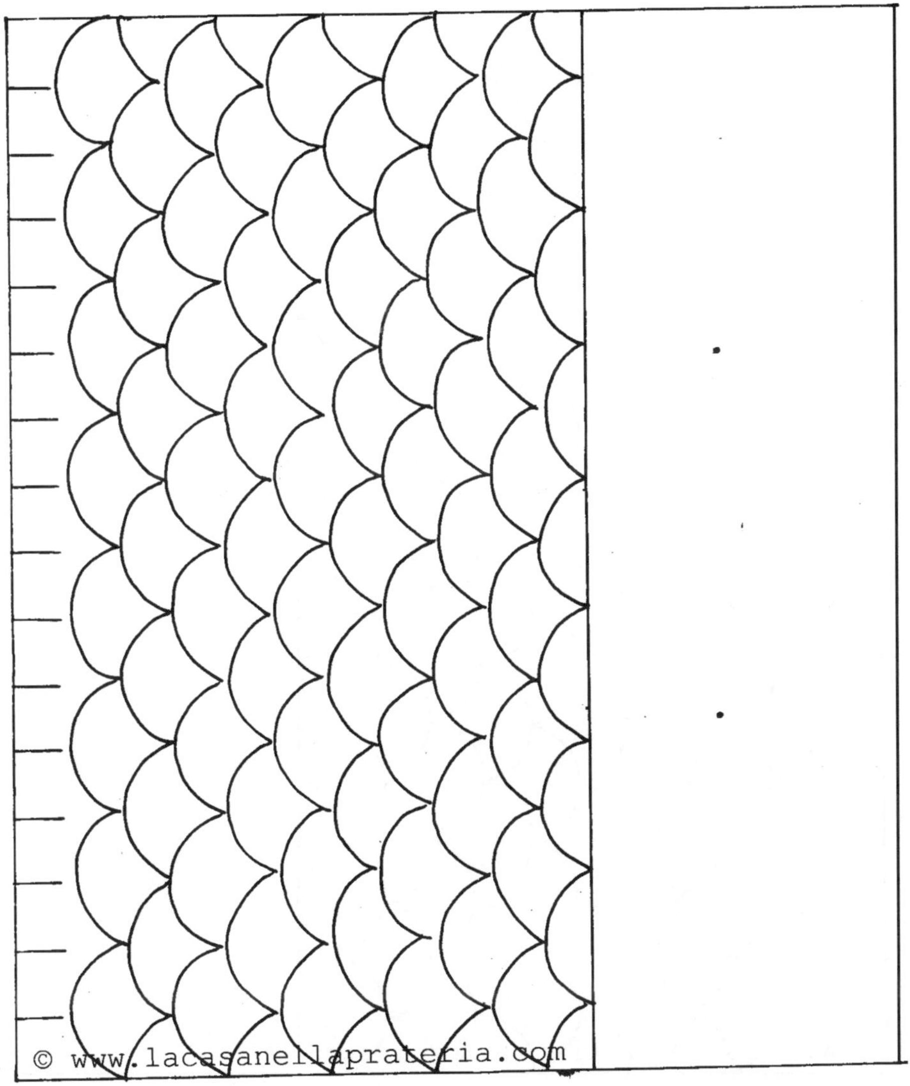

Koinobori 4

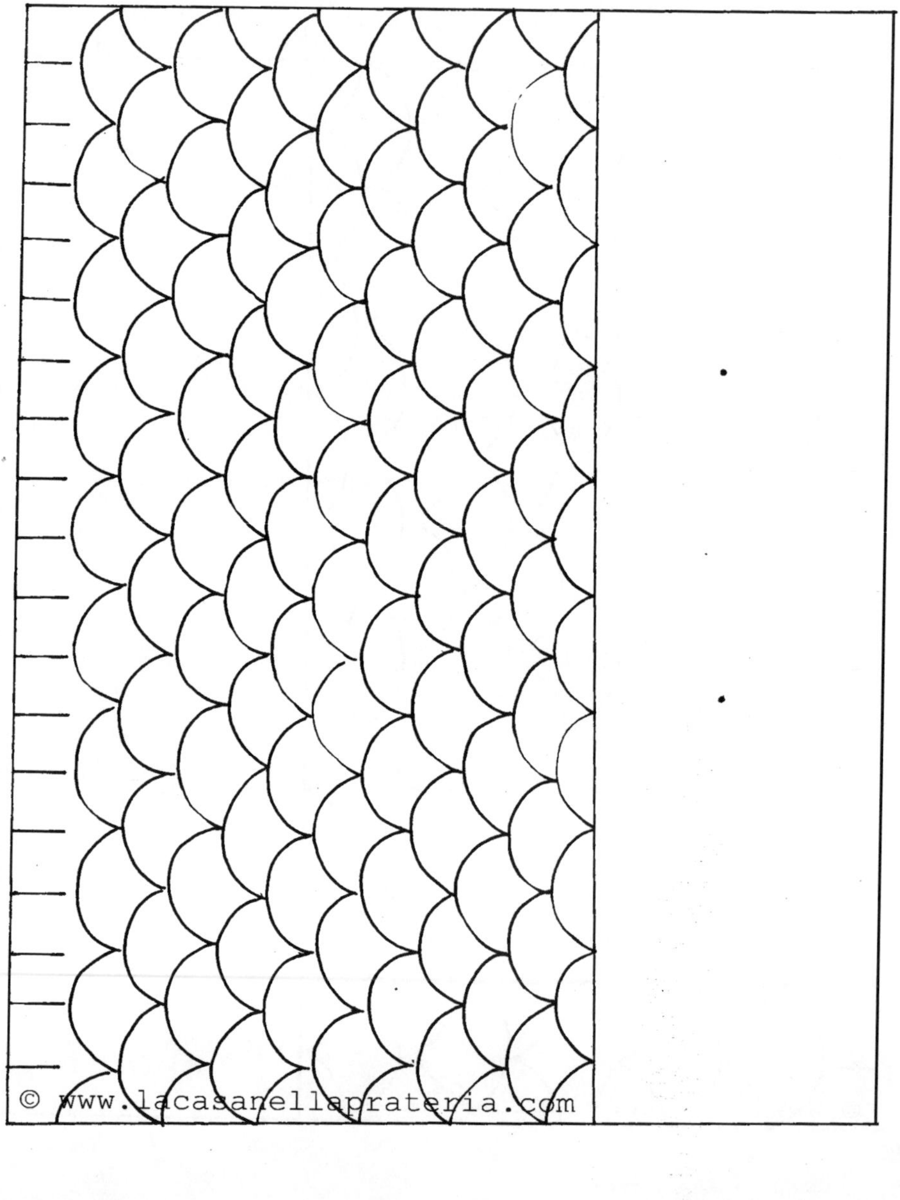

Telaio

Telaio circolare

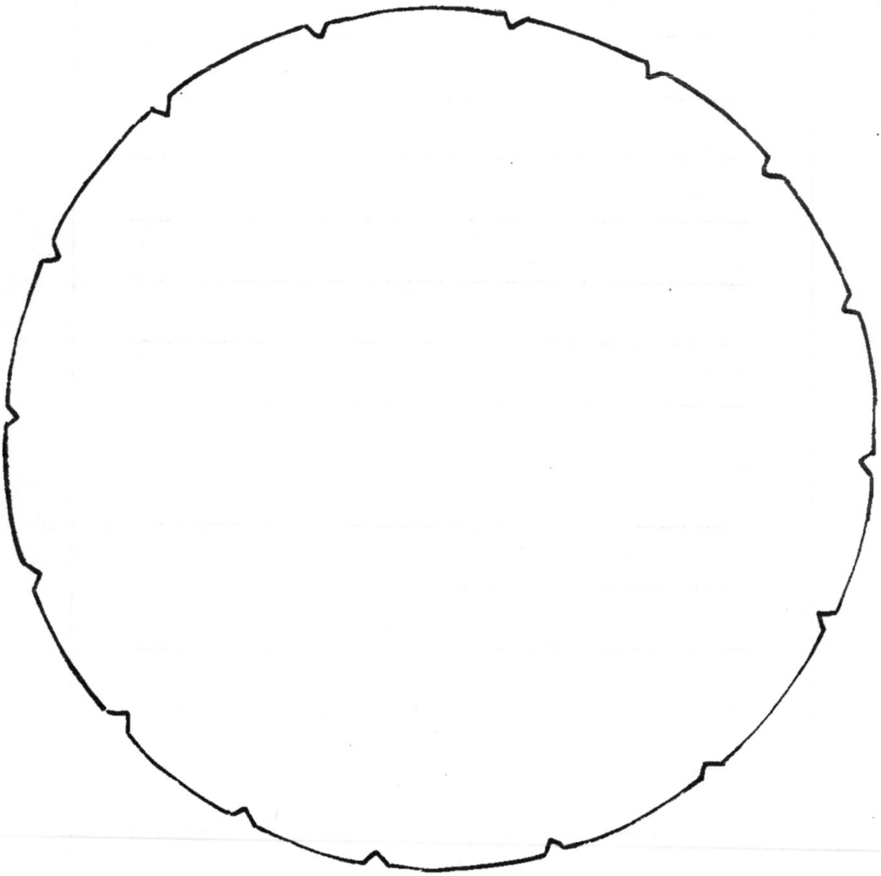

Albero genealogico

L'amore non divide. L'amore fa crescere il nostro cuore e ogni volta che lo apriamo qualcuno. Il cuore di mamma cresce grazie all'amore che prova per papà, poi a quello per i figli. Lo stesso discroso vale ovviamente per il cuore di papà e di tutti gli altri membri della famiglia.

Caldomorbidi

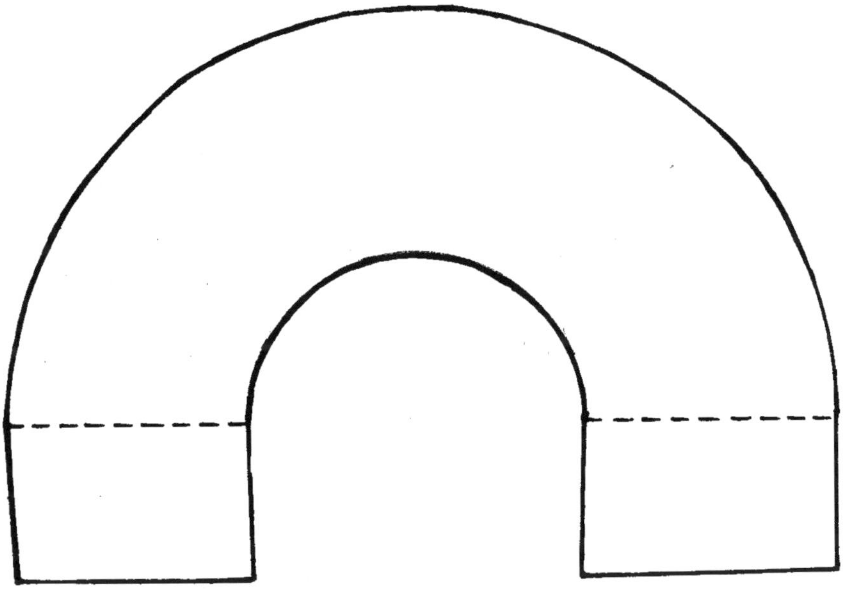

Link utili

Fogli di tessuto stampabili: http://www.walmart.com/ip/Avery-Printable-Fabric-for-Inkjet-Printers-5-Pack/10353061 (sito in inglese)

Gommapiuma: http://www.resingomm.it, http://www.scagliottispugna.it

La favola dei caldomorbidi: http://www.claudesteiner.com/fuzzyit.htm

Bibliografia

Fitzhugh Dodson, *Your child: Birth to age 6*, Fireside, 1986.

Bruno Bettelheim, *A good enough parent*, Ed. A. Knopf, 1987.

Karin Neuschütz, *Bambini e bambole*, Filadelfia, 2002.

Antonella Randazzo, *Bambini psico-programmati*, Il leone verde, 2007.

Giorgia Cozza, *Bebè a costo zero*, 2° ed. Il leone verde, 2011.

Elsa Mora, *Blossom Buddies*, teNeues, 2009.

Véronique Puech, Chantal Van Tri, *Doudou or not Doudou*, Editions Ramsay, 2006.

Frans Carlgren, *Educare alla libertà*, Arne Klingborg, ed. Filadelfia, 2004.

Maria Montessori, *Educare alla libertà*, Oscar Mondadori, 2008.

Francine Ferland, *Et si on Jouait?*, Ed. CHU Ste-Justine, 2005.

Sharifa Oppenheimer, *Heaven on Earth*, ed. Steiner Books, 2006.

Arno Stern, *Heureux comme un enfant qui peint*, Editions du Rocher, 2005.

John Holt, *How Children Learn*, Penguin, 1989.

Tim Seldin, *I bambini hanno bisogno di fiducia*, Fabbri Editori, 2007.

Maria Montessori, *Il bambino in famiglia*, Garzanti, 2000.

Marc Pouyet, *Joueurs de nature*, Plume de carotte, 2010.

Rudolf Steiner, *L'educazione dei figli*, Oscar Mondadori, 2007.

Claude Steiner, *La favola dei caldomorbidi*, Artebambini, 2009.

Maria Montessori, *La mente del bambino*, Garzanti, 1999.

Jean Piaget, *La rappresentazione del mondo nel fanciullo*, Einaudi, 1981.

Andreas Guthler, Kathrin Lacher, *Land art avec les enfants*, Editions La Plage, 2009.

Richard Louv, *L'ultimo bambino nei boschi*, Rizzoli, 2010.

Joel Henriques, *Made to Play!*, Shambhala Publications, 2011.

Sharon Lamb, Lyn Mikel Brown, *Packaging girlhood: Rescuing Our Daughters from Marketers' Schemes*, 2007.

Mariah Bruhel, *Playful Learning*, Shambhala Publications, 2011.

Donald Winnicott, *Gioco e Realtà*, Armando Editore, 1971.

Bruno Munari, *Rose nell'insalata*, Corraini, 2004.

John Holt, *Teach Your Own*, ed. Da Capo, 2003.

The Case For Working With Your Hands: Or Why Office Work Is Bad For Us And Fixing Things Feels Good (titolo originale: "Shop Class as Soul Craft",Matthew Crawrofd – ed Penguin, 2010)

Donald Winnicott, *Il bambino, la famiglia e il mondo esterno*, ed. Magi, 2005.

Paolo Landi, *Volevo dirti che è lei che guarda te*, Bompiani, 2006.

Rahima Baldwin Dancy, *You are your child's first teacher*, Celestial Arts, 2000.

Indice

Note personali

Note personali

Note personali

In questa collana sono già apparsi:

Michel Odent, *L'Agricoltore e il Ginecologo - L'industrializzazione della nascita,* p. 134, € 16,00

Claudia Benatti-Franco Ambrosi-Carla Rosa, *Vaccinazioni tra scienza e propaganda - Elementi critici di riflessione,* p. 186, € 16,00

Ibone Olza - Enrique Lebrero Martínez, *Il parto cesareo - Solo se indispensabile, sempre con rispetto,* p. 193, € 18,00

Grazia Honegger Fresco, *Facciamo la nanna - Quel che conviene sapere sui metodi per far dormire il vostro bambino,* p. 139, € 14,00

Antonella Randazzo, *Bambini psico-programmati - Essere consapevoli dell'influenza della pubblicità, della TV, dei videogiochi,* p. 183, € 16,00

Elena Balsamo, *Sono qui con te - L'arte del maternage,* p. 245, € 16,00

Esther Weber, *Portare i piccoli - Un modo antico, moderno e... comodo per stare insieme,* p. 270, € 18,00

Carlos Gonzalez, *Un dono per tutta la vita - Guida all'allattamento materno,* p. 360, € 22,00

Sara Honegger, *Un mondo di pappe - I saperi delle mamme nell'alimentazione del bambino da 0 a 6 anni*, p. 143, € 14,00

Giorgia Cozza, *Bebè a costo zero - Guida al consumo critico per neomamme e futuri genitori,* p. 277, € 18,00 Seconda edizione

Jan Hunt, *Genitori con il cuore - I bambini si comportano così come vengono trattati*, p. 128, € 16,00

Franco De Luca, *Bambini e (troppe) medicine - Difendersi dall'eccessiva medicalizzazione dei nostri figli,* p. 123, € 14,00

Eugenio Serravalle, *Bambini super-vaccinati - Saperne di più per una scelta responsabile* p. 352, € 20,00 Seconda edizione

Isabelle Fox, *Sempre con lui - I vantaggi di essere un genitore a tempo pieno* p. 218, € 18,00

Gordon Neufeld-Gabor Maté, *I vostri figli hanno bisogno di voi - Perché i genitori oggi contano più che mai,* p. 370 € 25,00

Paola Negri, *Sapore di mamma - Allattare dopo i primi mesi,* p. 178, € 16,00

Giorgia Cozza, *Quando l'attesa si interrompe - Riflessioni e testimonianze sulla perdita prenatale,* p. 208, € 16,00

Alfie Kohn, *Amarli senza se* e senza *ma - Dalla logica dei premi e delle punizioni a quella dell'amore e della ragione,* p. 208, € 20,00

Elena Balsamo, *Libertà e amore - L'approccio Montessori per un'educazione secondo natura,* p. 356, € 20,00

Alessandra Bortolotti, *E se poi prende il vizio? Pregiudizi culturali e bisogni irrinunciabili dei nostri bambini*, p. 232 € 16,00

Eva Benso, *La dislessia - Una guida per genitori e insegnanti: teoria, trattamenti e giochi.* p. 160 € 18,00

James J. McKenna, *Di notte con tuo figlio - Il sonno condiviso in famiglia,* p. 144 € 14,00

Elena Dal Prà, *Via il pannolino! Come dare l'addio al pannolino in una prospettiva educativa, etica ed ecologica*, p. 148 € 15,00

Claudia Porta, *La mia mamma sta con me - Conciliare famiglia e lavoro grazie a Internet*, p. 170 € 16,00

Paola Negri, *Tutte le mamme hanno il latte - Quello che tutti dovrebbero sapere sull'allattamento e l'alimentazione artificiale*, p. 254 € 18,00 Seconda edizione

Giorgia Cozza, *Me lo leggi? - Racconti, fiabe e filastrocche per un dialogo d'amore con il nostro bambino,* p. 280, € 18,00

Finito di stampare
nel mese di Agosto 2012 presso
Fotolito Graphicolor, Città di Castello (PG)